Genius Basic English Grammar

大学生のための ジーニアス基礎英文法

大修館書店編集部●編

TAISHUKAN

はしがき

　本書は，文法書『ジーニアス総合英語』に準拠した，問題を解きながら基礎的な文法事項を習得していくテキストです。『ジーニアス総合英語』がなくても使えますが，併用すると習得がいっそうスムーズになるでしょう。

　大学では，専攻分野に関係なく，たとえば文献を読んだり研究発表をしたりするときに英語を使う機会が出てきます。大学に入ってからも英語の学習は不可欠です。

英語の上達には文法が頼りになります。文法を理解しないままやみくもに単語を並べただけでは，相手はあなたの言いたいことや伝えたいことを理解してくれないかもしれません。また，文法を理解していなければ，相手があなたに言おうとしていることや伝えようとしていることを正しく理解できないでしょう。「聞く」「話す」「読む」「書く」のいずれにおいても，文法の基礎的な知識は必須です。文法の習得は，英語力を身につけるための第一歩です。

　本書での学習を通じて，みなさんが文法を正しく理解し，本物の英語力を身につけ，実際のコミュニケーションの場面で「英語が使える」ようになることを願っています。

大修館書店編集部

◆ 本書の使い方

1．英文法を学習していく上で特に重要な項目を Pre-Lesson と 13 の Lesson にまとめています。
2．各 Lesson は最初に要点のまとめ，次に「標準問題」，最後に「発展問題」という流れになっています。
3．標準問題では空所補充問題や並べ替え問題などを中心に，発展問題では日本文を英語に直す問題などを中心に掲載しています。各 Lesson の最初のページの右上に 2 次元コードがあり，「基本問題」のダウンロードができるサイトにリンクしています。2 択問題など取り組みやすい問題を中心に用意しましたので、補充問題として活用してください。
4．要点のまとめにある例文の横に M 001 のように『ジーニアス総合英語』のモデル例文の番号を示してあります。『ジーニアス総合英語』を併用する場合に参照してください。各 Lesson の『ジーニアス総合英語』との対応関係は 107 ページに示してあります。
5．付録として，形容詞・副詞の比較級，最上級の変化をまとめた表や，不規則動詞の活用表を掲載しています。英語のルールを理解する上で大切な知識となりますので，しっかりと覚えておきましょう。
6．巻末に語彙リストを用意しました。わからない単語や表現があったら，参考にしてください。

【追加コンテンツのお知らせ】

　本書の追加コンテンツとして以下の Lesson を用意しました。
　右の 2 次元コードからダウンロードが可能です。
　https://www.taishukan.co.jp/item/GBEG/appendix.html

名詞と冠詞／代名詞／形容詞と副詞／接続詞／前置詞（1）／前置詞（2）／
時制の一致と話法／疑問詞・疑問文／さまざまな否定／強調・倒置・挿入・
省略・同格／名詞構文・無生物主語
※適宜 Lesson の間に復習問題が付いています。

目次

大学生のための ジーニアス基礎英文法

Genius Basic English Grammar

Ⅰ　平叙文（肯定文と否定文）

Ⓐ (a) My brother **is** an office worker. `M 001`

私の兄は会社員です。

(b) My sister **is not** an office worker. `M 002`

私の姉は会社員ではありません。

Ⓑ (a) My brother **works** at this office. `M 003`

私の兄はこの会社で働いています。

(b) My sister **does not work** at this office. `M 004`

私の姉はこの会社で働いてはいません。

平叙文には**肯定文**と**否定文**がある。主語や時制によって動詞の形が変わる。否定形には〈be 動詞＋not〉, do [does, did] not またはその短縮形を使う。

Ⅱ　疑問文（Yes/No 疑問文と wh- 疑問文）

Ⓒ "**Are you** a student at this high school?" "**Yes**, I **am**." / "**No**, I'm **not**." `M 007`

「君はこの高校の生徒ですか。」「はい, そうです。/ いいえ, 違います。」

Ⓓ "**Does Tom work** abroad?" "**Yes**, he **does**." / "**No**, he **doesn't**." `M 008`

「トムは外国で仕事をしていますか。」「はい, しています。/ いいえ, していません。」

Ⓔ "**Who called you** last night?" "Bill (did)." `M 012`

「誰が昨夜あなたに電話したのですか。」「ビルです。」

疑問文には Yes か No で答えを求めるものと, 疑問詞を用いて情報を問うものがある。

Ⓒ be 動詞のある Yes/No 疑問文。/ **Ⓓ** 一般動詞のある Yes/No 疑問文。

Ⓔ 疑問詞のある疑問文は, Yes/No 疑問文の前に疑問詞がついた形。ただし, 疑問詞が主語の働きをする場合は〈疑問詞＋動詞 ...?〉の語順になる。

疑問詞には who（誰が [を]）, whose（誰の）, what（何が [を]）, which（どちらが [を]）, when（いつ）, where（どこで）, why（なぜ）, how（どのように）がある。

Ⅲ　命令文

Ⓕ **Come** here right away.　すぐにここに来なさい。 `M 015`

Ⓖ **Don't tell** lies!　うそをつくな。 `M 016`

Ⓕ 命令文は通例, 動詞の原形 (be 動詞の場合は Be) から文を始める。

Ⓖ 否定の命令文は〈Don't ＋動詞の原形〉または〈Don't be ....〉となる。

> **プラス　感嘆文**
>
> 強い驚きや賞賛を表す時に感嘆文を使う。感嘆文は,〈How ＋形容詞 / 副詞＋主語＋動詞 ...!〉の形で形容詞・副詞の意味を強調したり,〈What a/an ＋形容詞＋名詞＋主語＋動詞 ...!〉で〈形容詞＋名詞〉の内容を強調したりする。
>
> **How pretty** this flower is! `M 017` / **What a nice car** you have! `M 018`

Ⅳ 自動詞と他動詞

ⓗ The door **opened**.　そのドアが開いた。　　　　　M 026

ⓘ He **opened** the door.　彼はそのドアを開けた。　　　M 027

ⓗ 主語 the door が「どうしたのか」を自動詞 opened (開いた) が表現している。

ⓘ 主語 he が「何をどうしたのか」を他動詞 opened (〜を開けた) と目的語 the door (そのドア) が表している。

Ⅴ SV と SVC

ⓙ <u>The game</u> <u>ended</u>.　試合が終わった。　　　　M 028
　　(S)　　　(V)

ⓚ <u>This car</u> <u>is</u> <u>expensive</u>.　この車は値段が高い。　M 030
　　(S)　(V)　　(C)

ⓙ SV の文は多くの場合, 場所や時などを表す修飾語句 (M) を伴う。
　cf. <u>She</u> <u>stayed</u> <u>in London</u>. (彼女はロンドンに滞在した。) M 029
　　(S)　(V)　　(M)

ⓚ SVC の文は S = C の関係 (ここでは This car = expensive) が成り立つ。

Ⅵ SVO

ⓛ <u>He</u> <u>kicked</u> <u>the ball</u>.　彼はボールを蹴った。　M 032
　　(S)　(V)　　(O)

ⓛ 目的語 (O) とは「動作の影響を受ける対象を表す (代) 名詞」のこと。この文の目的語は the ball。

Ⅶ SVO₁O₂

ⓜ <u>Jeff</u> <u>gave</u> <u>her</u> <u>a present</u>.　ジェフは彼女にプレゼントをあげた。　M 034
　　(S)　(V)　(O₁)　(O₂)

ⓜ gave のあとで「誰に」「何を」あげたのかを示している。

※ SVO₁O₂ は SVO₂ to O₁ または SVO₂ for O₁ でも表現できることがある。
　ⓜ→ Jeff **gave** a present **to** her.
　My mother made me a dress. (母は私にドレスを作ってくれた。) M 035
　→ My mother **made** a dress **for** me.

Ⅷ SVOC

ⓝ <u>We</u> <u>call</u> <u>our pet cat</u> <u>Sakura</u>.　私たちはペットのネコをさくらと呼んでいる。　M 036
　　(S)　(V)　　(O)　　　(C)

ⓝ call OC は「O を C と呼ぶ」という意味。O (our pet cat) = C (Sakura) の関係。

IX SVO₁O₂ と SVOC の違い

O I **gave** him a birthday card.　私は彼に誕生日カードをあげた。　　`M 048`

P The news **made** them happy.　その知らせを聞いて彼らは喜んだ。　　`M 051`

SVO₁O₂ の文では O₁ と O₂ にイコールの関係は成立しない。一方, SVOC の文では O と C にイコールの関係が成立する

O SVO₁O₂ の文。him ≠ a birthday card

P SVOC の文。them = happy

X there 構文

Q **There** is a book on the table.　そのテーブルの上には本がある。　　`M 038`

〈there + be 動詞 + 名詞 + 場所を表す副詞 (句)〉で「(物が) ある, (人が) いる」という意味を表す。

Q 名詞 a book は単数なので, be 動詞は is が用いられている。

XI 注意すべき動詞

R He **entered** the room.　彼はその部屋に入った。　　`M 046`

S The book **cost** me three thousand yen.　その本は 3000 円した。　　`M 050`

自動詞か他動詞か紛らわしい動詞や, 書き換えに注意が必要な動詞がある。

R enter は「〜に入る」という意味の他動詞として使われることが多い (自動詞の用法もある)。

> **プラス その他の注意すべき主な他動詞**
> discuss (〜について話し合う) は他動詞：✕ discuss about としないこと。
> marry (〜と結婚する) も他動詞：✕ marry to や✕ marry with などとしないこと。

S cost O₁O₂ は SVO₂ to [for] O₁ の文に書き換えることができない。

XII 句動詞

T He finally **showed up** at the party.　彼がやっとパーティーに現れた。　　`M 058`

〈動詞 + 前置詞〉や〈動詞 + 副詞〉など2語以上で1つの意味を表すものを**句動詞**と言う。

T show up は「(会などに) 現れる」という意味の〈動詞 + 副詞〉で, 自動詞として働く。

> **プラス その他の主な句動詞**
> believe in 〜 (〜の存在を信じる), deal with 〜 (〜を処理する), hand in 〜 (〜を (手渡して) 提出する),
> leave behind 〜 [leave 〜 behind] (〜を忘れる), find fault with 〜 (〜のあら探しをする), pay
> attention to 〜 (〜に注意する), take part in 〜 (〜に参加する), look up to 〜 (〜を尊敬する), break
> down (故障する), pull up ((車が) 止まる)

1. 次の日本文の意味に合うように，（　　）に入る適当な語（句）を①〜④から選びなさい。

   (1) 私の父はあまりトマトが好きではない。

   My father（　　　　）tomatoes very much.

   ① like　　　　　② likes　　　　　③ don't like　　　　④ doesn't like

   (2) 「スズキさんですか。」「いいえ，違います。」

   "Are you Mr. Suzuki?" "No,（　　　　）."

   ① he is　　　　　② he isn't　　　　③ I am　　　　④ I'm not

   (3) 「どうしてジョンはそんなに怒っているのですか。」「わかりません。」

   "（　　　　）John so angry?" "I don't know."

   ① Why does　　② Why is　　　　③ What does　　④ What is

   (4) 「どうやってこのステッカーを手に入れたのですか。」「兄が私にくれました。」

   "（　　　　）did you get this sticker?" "My brother gave it to me."

   ① When　　　　② Where　　　　③ Why　　　　④ How

   (5) 「その箱を開けないで。」「中身は何なの？」

   "（　　　　）that box." "What's inside?"

   ① Open　　　　② Don't open　　③ Be open　　　④ Not open

2. 次の日本文の意味に合うように，（　　）に適当な語を入れなさい。

   (1) この自転車はなんて高いんだ！

   （　　　　　　）expensive this bike is!

   (2) 私の大好きなバスケットボール選手はヘンリー・バーナードだ。

   My favorite basketball player（　　　　）Henry Bernard.

   (3) 母はめがねをしている。コンタクトレンズはしていない。

   My mother wears glasses. She（　　　　）wear contact lenses.

   (4) 「誰がこの写真を撮ったの？」「ジェシカだよ。」

   "Who（　　　　）this picture?" "Jessica did."

3. 次の日本文の意味に合うように，（　　）内の語（句）を並べ替えなさい。

   (1) あのイヌはなんて長い尻尾をしているのだろう！

   (a / has / that dog / what / tail / long)!

   _____ !

   (2) あなたはなぜそんなに日本のアニメに興味があるのですか。

   (are / in / why / so interested / Japanese anime / you)?

   _____ ?

4. 次の日本文の意味に合うように，〔　　〕内の語 (句) を適切な位置に入れて英文を完成させなさい。

(1) 私はバーバラの誕生日にバラの花束をあげた。〔Barbara〕

I gave a bunch of roses for her birthday.

_____

(2) 私の兄は昨日，学校の図書館から本を 3 冊借りた。〔three books〕

My brother borrowed from the school library yesterday.

_____

(3) 母は電車に乗る前に私にボトル入りの水を買ってくれた。〔a bottle of water〕

My mother bought me before getting on the train.

_____

(4) 多くの子どもたちはその新しい映画をおもしろいと思った。〔exciting〕

Many children found the new movie.

_____

5. 次の日本文の意味に合うように，(　　) 内の語 (句) を並べ替えなさい。

(1) そのステーキは素晴らしい味だった。

(tasted / the / wonderful / steak).

_____ .

(2) 男性は女性に彼の息子の写真を何枚か見せた。

(of his son / showed / the man / some pictures / the woman).

_____ .

(3) この本は私に世界平和の重要性について認識させてくれた。

(aware / this / me / made / book) of the importance of world peace.

_____ of the importance of world peace.

(4) クリステンは古いコンピュータを弟にあげた。

Kristen (to / her / her / gave / brother / computer / old).

Kristen _____ .

(5) 試合後，数人の選手はとても疲れているように見えた。

(very / some of / looked / players / tired / the) after the game.

_____ after the game.

(6) 彼の勝利の知らせは私たちを驚かせた。

(surprised / news / the / his / us / victory / of).

_____ .

6. 次の日本文の意味に合うように, (　　) に入る適当な語 (句) を①〜④から選びなさい。

(1) この町には書店が 3 軒ある。

(　　　　) are three bookstores in this town.

① There　　　　② They　　　　③ These　　　　④ Those

(2) 父の車は昨日故障した。

My father's car broke (　　　　) yesterday.

① up　　　　② down　　　　③ in　　　　④ out

(3) 私の兄は昨年マンガスター大学を卒業した。

My brother graduated (　　　　) Mangaster University last year.

① to　　　　② from　　　　③ on　　　　④ of

(4) 私は彼女に CD を買ってあげた。

I got (　　　　).

① her a CD　　　　② a CD her　　　　③ a CD to her　　　　④ her to a CD

(5) 今回の休暇には 10 万円かかった。

This vacation cost (　　　　).

① 100 thousand yen to me　　　　② me of 100 thousand yen

③ 100 thousand yen for me　　　　④ me 100 thousand yen

7. 次の日本文の意味に合うように, (　　) に適当な語を入れなさい。

(1) 冷蔵庫には牛乳が全くない。

(　　　　) (　　　　) any milk in the refrigerator.

(2) 彼のスピーチのせいで私は眠くなった。

His speech made (　　　　) (　　　　).

(3) アキヨは私たちのために伝統的な料理を何品か作ってくれた。

Akiyo made (　　　　) some traditional (　　　　).

(4) 数人が戦争中にその島に置き去りにされた。

Some people were (　　　　) (　　　　) on the island during the war.

8. 次の日本文の意味に合うように, (　　) 内の語を並べ替えなさい。

(1) ジェフは午後 8 時までパーティーに姿を現さなかった。

Jeff (the / at / up / party / show / didn't) until 8 p.m.

Jeff ＿＿＿＿＿＿＿＿＿＿＿＿＿＿＿＿＿＿＿＿ until 8 p.m.

(2) 人ごみの中では持ち物に注意してください。

Please (belongings / pay / your / to / attention) when you are in a crowd.

Please ＿＿＿＿＿＿＿＿＿＿＿＿＿＿＿＿＿＿ when you are in a crowd.

1. 次の英文を日本語にしなさい。

    (1) Whose pencil is this?

    _____ 。

    (2) What a kind girl she is!

    彼女は _____ ！

    (3) How do you use this bottle?

    あなたは _____ 。

    (4) I didn't buy anything at that store.

    私は _____ 。

    (5) When and where did you find this notebook?

    あなたは _____ 。

2. 次の日本文の意味に合うように，英文を完成させなさい。

    (1) 「あなたはコックですか。」「はい，そうです。」

    " _____?" "Yes, I am."

    (2) 「今何時ですか。」「7時半です。」

    " _____ now?" "It's seven thirty."

    (3) 「あなたはどうやって仕事に行っているのですか。」「電車です。」

    " _____ get to work?" "By train."

    (4) 「あなたは昨日の正午，どこにいましたか。」「その時は横浜にいました。」

    " _____ at noon yesterday?" "I was in Yokohama then."

    (5) 「これが私のイヌのルーシーです。」「なんてかわいいの！」

    "This is my dog, Lucy." " _____ she is!"

3. 次の日本文を〔　〕内の語（句）を使って英語にしなさい。

    (1) 恥ずかしがらないで。〔shy〕

    _____

    (2) 彼はタブレットを持っていない。〔tablet computer〕

    _____

    (3) あなたはこの前の日曜日に何をしましたか。〔last Sunday〕

    _____

    (4) あなたはなぜそんなに忙しいのですか。〔so busy〕

    _____

    (5) あなたのかばんをいすの上に置きなさい。〔put, the chair〕

    _____

4. 次の英文を日本語にしなさい。

(1) My sister turned 13 last month.

私の妹は _____ 。

(2) His mother laid him on the sofa.

彼の母は _____ 。

(3) Mike knows a lot about Japanese culture.

マイクは _____ 。

(4) I lent her some money.

私は _____ 。

(5) They kept the room warm for their baby.

彼らは _____ 。

5. 次の日本文の意味に合うように，英文を完成させなさい。

(1) 私は公園の周りを毎朝走っている。

I _____ the park every morning.

(2) ジョンはスピーチの前，緊張しているように見えた。

John _____ before his speech.

(3) ゴードン先生は週2回，私たちに英語を教えている。

Mr. Gordon _____ twice a week.

(4) 実験結果は科学者たちをがっかりさせた。

The results of the experiment _____ .

(5) マーカスはその靴に100ドル支払った。

Marcus _____ for the shoes.

6. 次の日本文を〔　　〕内の語（句）を使って英語にしなさい。

(1) その戦争は1945年に終わった。〔ended〕

_____

(2) 私の父には兄弟が2人いる。〔has〕

_____

(3) 彼の話は私には奇妙に聞こえた。〔sounded〕

_____

(4) 青森のおばが私にりんごを送ってくれた。〔aunt, sent, some apples〕

_____

(5) 彼の言葉は私を幸せにした。〔words, made〕

_____

7. 次の英文を日本語にしなさい。

(1) Ray made me a cup of coffee.

レイは_____。

(2) A taxi pulled up in front of my house.

私の家の前に_____。

(3) Is there any good news?

何か_____。

(4) I don't believe in fate.   *fate：運命

私は_____。

(5) His help saved me a lot of time.

彼が手伝ってくれたので私は_____。

8. 次の日本文の意味に合うように，英文を完成させなさい。

(1) 私たちは今日，その問題について話し合う。

We will _____ today.

(2) 彼女は 2010 年にピアニストと結婚した。

She _____ in 2010.

(3) その森の中に古い家がある。

_____ in the forest.

(4) 彼は私の計画のあら探しをした。

He _____ my plan.

(5) 数人のキャラクターがこの物語をわくわくするものにしている。

Some of the characters _____ exciting.

9. 次の日本文を〔　　〕内の語 (句) を使って英語にしなさい。

(1) 私は彼にノートを 1 冊あげた。〔gave〕

_____

(2) その机の上にコンピュータが 1 台ある。〔computer, the desk〕

_____

(3) 彼は 1 人でそのコンビニエンスストアに入った。〔alone〕

_____

(4) 私はこのプログラムに参加した。〔part, this program〕

_____

(5) 彼は今朝，東京に着いた。〔in〕

_____

Lesson 1 時制

Ⅰ 現在時制（現在の状態を表す）

Ⓐ I **belong to** the music club.　M 060

私は音楽部に所属している。

現在時制は、「〜している」という**現在の状態**を表す。

Ⓐ「音楽部に所属している」という状態を表している。

「〜している」という意味をもつ動詞を**状態動詞**と言う。

> **プラス 主な状態動詞**
>
> 状態を表す：be 動詞（…である），have（持っている），keep（…のままである），live（住んでいる），own（所有している），resemble（似ている）など
>
> 感情・心理を表す：believe（信じている），hope（望んでいる），know（知っている），think（思っている），understand（理解している），want（欲している）など
>
> 知覚・感覚を表す：feel（感じる），hear（聞こえる），smell（香りがする），taste（味がする）など

Ⅱ 現在時制（現在の習慣や反復的行為を表す）

Ⓑ My parents **go** to church *on Sundays*.　M 063

両親は日曜日に教会に通っている。

動作動詞の現在形は**現在の習慣**や**反復動作**を表すことがある。その場合，頻度を表す副詞（句）を伴うことが多い。

Ⓑ「毎週日曜日に教会に通っている」という習慣を表している。

> **プラス 頻度を表す主な副詞（句）**
>
> always（いつも），often（しばしば，よく），sometimes（時々），usually（たいてい），every 〜（毎〜），from time to time（時々），once a week（週に1回）など

Ⅲ 現在時制（真理や一般的事実を表す）

Ⓒ The sun **shines** during the day.　M 064

太陽は昼間に輝く。

現在時制は，**真理**や**一般的事実**などを表す。

Ⓒ「太陽は昼間に輝く」という真理を表している。

Ⅳ 現在進行形

Ⓓ John **is swimming** in the pool now.　M 066

ジョンは今プールで泳いでいる。

現在進行形は，〈be 動詞の現在形＋現在分詞〉で表す。

Ⓓ「今プールで泳いでいる」という進行中の動作を表している。

Ⅴ　過去時制（過去の状態を表す）

Ⓔ I **felt** happy when I met him.　　　　　　　　　　　　M 068

私は彼に会った時うれしかった。

Ⓕ We **lived** in London for five years.　　　　　　　　　M 069

私たちはロンドンに 5 年間住んでいた。

過去時制は**過去の状態**を表す。

Ⓔ「彼に会った時」という**過去のある時点における状態**を表している。

Ⓕ「住んでいた」という**過去のある期間の状態**を表している。

Ⅵ　過去時制（過去の1回きりの行為や反復的行為）

Ⓖ We **held** the meeting on schedule.　　　　　　　　　M 070

私たちは会議を予定通り開催した。

Ⓗ My father *usually* **came** home from work late at night.　　M 071

父は夜遅くに仕事から帰宅するのがふつうだった。

過去時制は**過去の1回きりの行為**や，**過去に習慣的に繰り返された行為**を表す。

Ⓖ「会議を開催した」という**過去の1回きりの行為**を表している。

Ⓗ「父が夜遅くに帰宅した」ことが**過去に習慣的に繰り返された**ことを表している。

　1回きりの行為の場合と区別するために，usually（ふつうは）や often（たびたび）など頻度を表す
副詞（句）を伴う。

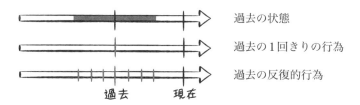

　　　　　　　　　　　　　　　　　　　　過去の状態

　　　　　　　　　　　　　　　　　　　　過去の1回きりの行為

　　　　　　　　　　　　　　　　　　　　過去の反復的行為

　　　　　　　過去　　　現在

Ⅶ　過去進行形

Ⓘ I **was studying** around ten in the evening yesterday.　　M 072

私は昨日の晩の 10 時頃勉強していた。

Ⓙ The baby **was crying** all night long.　　　　　　　　M 073

その赤ちゃんは一晩中泣いていた。

過去進行形は過去のある時を示す表現とともに用いて「**～していた**」という意味を表す。

Ⓘ「昨日の晩の 10 時頃」という過去のある時に進行中だった行為を表している。

Ⓙ 過去進行形は**過去のある期間に何度も繰り返して行われた行為**を表すこともできる。ここでは all
　night long という期間に何度も繰り返し泣いていたことを表している。

Ⅷ　will と be going to

Ⓚ I **will be** 18 years old next month.　　　　　М 074

私は来月 18 歳になる。

Ⓛ I **'m going to work** harder this year.　　　　　М 077

今年はもっと一生懸命働くつもりです。

will や be going to は**未来**のことを表すことが多い。

Ⓚ will は，話し手や主語による**未来の予測**を伝える場合に用いられる (単純未来)。

> **プラス 意志未来の will**
>
> will には「これから行おうとする意志」を表す**「意志未来」**の用法もある。
> cf. I **will call** you tonight, I promise. (今晩電話するよ，必ず。)

Ⓛ be going to は，**近い将来そうしようと前から決めている場合**に用いられる。

Ⅸ　未来進行形

Ⓜ I **'ll be running** a marathon at this time tomorrow.　　　　　М 079

明日の今頃はマラソンを走っているだろう。

未来のある時に進行中の行為を表す時に〈will be ＋現在分詞〉という未来進行形を使う。

Ⓜ「明日の今頃には走っているだろう」という意味を表している。

Ⅹ　時や条件を表す副詞節で使う現在時制

Ⓝ Give her this memo **when** she **comes**.　　　　　М 081

彼女が来たらこのメモを渡してください。

Ⓞ **If** I **am** better tomorrow, I'll go to the show.　　　　　М 082

明日気分がよくなればショーを見に行きます。

時や条件を表す副詞節の中では，未来のことであっても will を使わないで現在時制を用いる。

Ⓝ「～する [した] 時に」という時を表す副詞節中で，未来のことに現在形を用いている。

> **プラス 時を表す主な接続詞**
>
> after (…したあとに)，before (…する前に)，until [till] (…するまで)，as soon as (…するとすぐに)，
> by the time (…するまでに)，the moment (…するとすぐに)

Ⓞ「もし～したら」という条件を表す副詞節中で，未来のことに現在時制を用いている。

> **プラス 条件を表す主な接続詞**
>
> supposing (もし…ならば)，providing (もし…ならば)，provided (もし…ならば)，unless (…でない限り)

1. 次の日本文の意味に合うように，（　　　）に入る適当な語（句）を①〜④から選びなさい。

(1) このあたりでは時々雪が降る。

It sometimes （　　　　） around here.

① snow　　　　② snows　　　　③ is snow　　　　④ is snowing

(2) 何か変な音が聞こえる。

I （　　　　） a strange noise.

① hear　　　　② hears　　　　③ am hearing　　　　④ hearing

(3) 彼らは居間でテレビを見ている。

They （　　　　） TV in the living room.

① watch　　　　② watches　　　　③ watching　　　　④ are watching

(4) 私たちはそのイヌを「ポチ」と呼ぶ。

We （　　　　） the dog "Pochi."

① called　　　　② call　　　　③ calling　　　　④ are calling

(5) 誰かがドアをノックしている。

Someone （　　　　） on the door.

① knock　　　　② knocks　　　　③ knocking　　　　④ is knocking

2. 次の日本文の意味に合うように，（　　）に適当な語を入れなさい。

(1) マリは絵を描くのがとてもうまい。

Mari （　　　　　） very well.

(2) 葉っぱは冬に木から落ちる。

Leaves （　　　　　） from the tree in winter.

(3) 私は毎週木曜日にこのラジオ番組を聞いている。

I （　　　　　） to this radio program every Thursday.

(4) 子どもたちは浜辺で砂の城を作っている。

Children （　　　　　）（　　　　　） a sand castle on the beach.

3. 次の日本文の意味に合うように，（　　）内の語（句）を並べ替えなさい。

(1) 私はしばしばその男性をバス停で見る。

(that / at / man / often see / I) the bus stop.

_____ the bus stop.

(2) たくさんの美しいチューリップが庭に咲いている。

Many beautiful (are / the garden / blooming / tulips / in).

Many beautiful _____ .

4. 次の日本文の意味に合うように，（　　　）に入る適当な語（句）を①〜④から選びなさい。

(1) その時たくさんの星が空に輝いていた。

Many stars （　　　） in the sky then.

① shine   ② shone   ③ was shining   ④ were shining

(2) 私はロサンゼルスで偶然昔の友達に会った。　　*by chance：偶然に

I （　　　） an old friend by chance in Los Angeles.

① meet   ② met   ③ was meeting   ④ were meeting

(3) そのプロジェクトを終えたあと，みんな気分がよかった。

Everybody （　　　） good after they finished the project.

① feel   ② felt   ③ feels   ④ were feeling

(4) 雪が激しく降っていたので，私は出かけたくなかった。

I didn't want to go out because it （　　　） hard.

① snowed   ② snowing   ③ was snowing   ④ were snowing

(5) その家族はこの前の夏，ハワイで休暇を楽しんだ。

The family （　　　） their vacation in Hawaii last summer.

① enjoyed   ② enjoying   ③ was enjoying   ④ were enjoying

5. 次の日本文の意味に合うように，（　　）に適当な語を入れなさい。

(1) 子どもたちはサンタクロースを信じていた。

The children （　　　　　） in Santa Claus.

(2) 私たちのチームがその試合に勝った。

Our team （　　　　　） the game.

(3) ジムが電話をしてきた時，私は駅に向かって歩いていた。

I （　　　　　） （　　　　　） to the station when Jim （　　　　　） me.

(4) 私がドアを開けた時，数人の女の子が部屋で踊っていた。

When I （　　　　） the door, some girls （　　　　　） （　　　　　） in the room.

6. 次の日本文の意味に合うように，（　　）内の語を並べ替えなさい。ただし，不要な語が1語含まれている。

(1) 私は新宿で電車を乗り換えた。

I （ Shinjuku / changed / was / at / trains ）.

I _____.

(2) 私は小さかった頃お姫様になりたかった。

I （ a / be / when / princess / wanted / I / am / was / to ） very young.

I _____ very young.

7. 次の日本文の意味に合うように，（　　）に入る適当な語（句）を①～④から選びなさい。

(1) ウェンディーは素晴らしい母親になるだろう。

Wendy（　　　）a wonderful mother.

① become　　　　② becomes　　　　③ is going to　　　　④ will become

(2) 彼は遅かれ早かれ自分が間違っていることに気づくだろう。*sooner or later：遅かれ早かれ

Sooner or later he（　　　）that he is wrong.

① notice　　　　② notices　　　　③ is noticing　　　　④ will notice

(3) メアリーはベルリンの友達の家に滞在する予定だ。

Mary（　　　）with her friend in Berlin.

① stay　　　　② stays　　　　③ stayed　　　　④ will be staying

(4) ヘンリーは新しい仕事が見つかるまでは私たちを手伝ってくれるだろう。

Henry will help us until he（　　　）a new job.

① find　　　　② finds　　　　③ will find　　　　④ will be finding

(5) その作家は今年，3つの小説を書くつもりだ。

The writer（　　　）three novels this year.

① writes　　　　② is now writing　　　　③ is going to write　　　　④ wrote

8. 次の日本文の意味に合うように，（　　）に適当な語を入れなさい。

(1) 私はあなたが来る前に部屋を掃除するつもりだ。

I will（　　　　　）the room before you（　　　　　）.

(2) 天気予報では明日はもっと暖かくなると言っている。

The weather forecast says that it（　　　　　）（　　　　　）warmer tomorrow.

(3) 彼は明日の正午頃，ニューヨークへ向けて車を運転しているだろう。

He（　　　　　）（　　　　　）（　　　　　）to New York around noon tomorrow.

(4) 子どもたちはたくさんの折り鶴を作るつもりだ。

The children（　　　　　）（　　　　　）（　　　　　）make a lot of paper cranes.

9. 次の日本文の意味に合うように，（　　）内の語（句）を並べ替えなさい。

(1) 台風は日曜日の午後にこの地方を襲うだろう。

（ hit / area / this / the / will / typhoon ）on Sunday afternoon.

_____ on Sunday afternoon.

(2) あさってはたくさんの人々がここに集まってきているだろう。

（ gathering / people / be / here / a lot of / will ）the day after tomorrow.

_____ the day after tomorrow.

1. 次の英文を日本語にしなさい。

   (1) Many kinds of butterflies live in this woods.

   たくさんの種類のチョウが _____ 。

   (2) The wind is blowing very hard today.

   今日は _____ 。

   (3) The machine produces 3 tons of ice cream a day.

   その機械は _____ 。

   (4) Elephants have a long nose.

   ゾウには _____ 。

   (5) The baby is sleeping peacefully in the basket.

   赤ちゃんは _____ 。

2. 次の日本文の意味に合うように，英文を完成させなさい。

   (1) 1 年は 12 カ月ある。

   A year _____ .

   (2) この国では多くの人が朝食にコーヒーを飲む。

   In this country, _____ .

   (3) 姉は毎日日記をつけている。

   My sister _____ .

   (4) ジョンと彼の友達は図書館で静かに勉強している。

   John and his friends _____ .

   (5) 毎日 3 万人がこの駅を利用する。

   Thirty thousand people _____ .

3. 次の日本文を〔　　〕内の語 (句) を使って英語にしなさい。

   (1) 私は毎朝，ニンジンとリンゴからジュースを作る。〔from carrots and apples〕

   _____

   (2) 今，大勢の人々がこのテレビ番組を見ている。〔TV program〕

   _____

   (3) 子どもたちは毎日成長する。〔grow〕

   _____

   (4) マリオンは雨の日はバスで学校に通っている。〔on rainy days〕

   _____

   (5) ケンジは今，友達と野球をしている。〔his friends〕

   _____

4. 次の英文を日本語にしなさい。

(1) My father took the 7:15 bus this morning.

父は _____ 。

(2) I liked the new violin because it sounded very good.

新しいバイオリンは _____ 。

(3) I was riding a bike when the earthquake happened.

地震が _____ 。

(4) He didn't hear me because he was listening to some loud music.

彼は _____ 。

(5) What were you doing around 11 o'clock last night?

あなたは _____ 。

5. 次の日本文の意味に合うように, 英文を完成させなさい。

(1) 彼は今朝7時に起床した。

He _____ this morning.

(2) 彼らはお互いのことをとてもよく知っていた。

They _____ very well.

(3) 昨日の午後2時頃, 私は妹とテニスをしていた。

I _____ with my sister around 2 p.m. yesterday.

(4) あなたはどこでこの腕時計を買ったのですか。

Where _____ ?

(5) 私は昨日クッキーを作って友達と食べた。

I _____ with my friends yesterday.

6. 次の日本文を〔　　〕内の語(句)を使って英語にしなさい。

(1) その男の子は私たちに本当のことを話してくれた。〔the truth〕

_____

(2) 私の父は学生だった時にニューヨークを訪れた。〔visited, when〕

_____

(3) 教室にはたくさんの学生がいた。〔there, lot, classroom〕

_____

(4) その時デービッドは飛行機でロンドンに向かっていた。〔David, flying, at that time〕

_____

(5) ヨウコはその時お金を一切持っていなかった。〔Yoko, any〕

_____

7. 次の英文を日本語にしなさい。

(1) My sister will be traveling around Europe next month.

私の姉は _____ 。

(2) They are going to do some volunteer work at the festival.

彼らは祭りで _____ 。

(3) Ms. Yoshida will come back to school next year.

ヨシダ先生は _____ 。

(4) You will be able to catch the train if you hurry.

あなたは _____ 。

(5) The dog will run to me when I call him.

そのイヌは _____ 。

8. 次の日本文の意味に合うように，英文を完成させなさい。

(1) 動物園はまもなく開園するだろう。

_____ soon.

(2) 大阪駅に着いたらあなたにメールを送るつもりだ。

I will email you _____ at Osaka Station.

(3) 明日の午後 3 時頃は，私は父を手伝っているだろう。

I _____ around three tomorrow afternoon.

(4) あなたが訪ねて行けば，あなたの祖父母はうれしいだろう。

Your grandparents _____ them.

(5) マリエは新学期が始まる前に新しいコンピュータを買うつもりだ。

Marie _____ before the new term starts.

9. 次の日本文を〔　　〕内の語（句）を使って英語にしなさい。

(1) 私は時間がある時にこのレポートを読んでみます。〔report, have time〕

_____

(2) 今度の春には彼は大阪で働いていることだろう。〔Osaka, next spring〕

_____

(3) あなたは正月休みに何をするつもりですか。〔during the New Year holiday〕

_____

(4) 人々は将来，月に住むだろう。〔the moon, future〕

_____

(5) もし明日暑ければ，私たちは泳ぎにいくだろう。〔if, go swimming〕

_____

Lesson 2 | 完了形

Ⓘ 現在完了形（完了・結果）

Ⓐ The show **has** just **started**.　ショーはちょうど今始まったところだ。　M 097

行為が**完了**したことと，その**結果**生じている現在の状況をまとめて表すことができる。
Ⓐ ショーが始まったこと，そしてその結果ショーが今も行われていることを述べている。

> **プラス** 「完了・結果」の現在完了形とともに用いられる主な副詞（句）
> already（もうすでに），yet（［疑問文で］もう，［否定文で］まだ），
> recently（最近），lately（最近），just（ちょうど今）

※ 現在完了形は，過去と現在との関連を表すので，yesterday（昨日）など過去のある時点をはっきりと示す表現とともに使うことはできない。

Ⅱ 現在完了形（経験）

Ⓑ She**'s broken** her smartphone three times.　M 099
　彼女はスマートフォンを壊したことが3回ある。

Ⓒ **Have** you ever **eaten** sushi?　M 100
　お寿司を食べたことがありますか。

過去から現在までのある行為の経験の有無やその回数を伝えることができる。
Ⓑ 「スマートフォンを壊した経験が3回ある」ことを表している。
Ⓒ 疑問文にすればこれまでの経験を尋ねることができる。

> **プラス** 「経験」の現在完了形とともに用いられる主な副詞（句）
> before（以前に），ever（今まで），never（一度も～ない），often（しばしば），once（1回），twice（2回），
> three times（3回），so far（これまで）

※ have been to ～ は，「～へ行ったことがある」という「経験」を表す。have gone to ～ は，「～へ行ってしまって，今ここにいない」という「完了・結果」の意味になる。

Ⅲ 現在完了形（継続）／現在完了進行形

Ⓓ He **has lived** in London for two years.　M 101
　彼はロンドンに2年間住んでいる。

Ⓔ I **have known** Tom since he was a child.　M 102
　トムが子どもの時から彼を知っている。

Ⓕ It**'s been raining** for days.　M 103
　何日もずっと雨が降り続いている。

過去のある時点から現在まである状態が継続していることを表す。
Ⓓ for（～の間）は継続の「期間」を表す前置詞。
Ⓔ since（～以来）は継続している状態がいつ始まったかを表す。
Ⓕ ある**行為の継続**は，**現在完了進行形**〈have / has been＋現在分詞〉で表す。

20

Ⅳ 過去完了形（完了・結果）（経験）（継続）／過去完了進行形

G He **had** already **left** home when I *phoned* him.　M 105

彼に電話した時，彼はすでに家を出てしまっていた。

H I **had** never **seen** a lion when I *was* ten years old.　M 106

私は10歳になるまでライオンを一度も見たことがなかった。

I He **had belonged** to that soccer team for five years when he *left* Japan.　M 107

彼は日本を離れるまで5年間，そのサッカーチームに所属していた。

J We **had been playing** baseball for an hour when it *started* to rain.　M 108

野球をして1時間経ったら，雨が降り始めた。

過去完了形は〈had＋過去分詞〉の形になる。
G 過去のある時点で始まった行為が，別の時点で完了していることを表す。過去完了形を使う場合，必ずその文の前後に過去のある時点を示す表現がある。
H 過去のある時点までの経験の有無や回数を伝えることができる。
I 状態動詞の過去完了形は，過去のある時点まである状態が継続していたことを表す。
J 過去のある時点で始まった行為がその後の別の時点でも継続していたことを表すには，過去完了進行形〈had been＋現在分詞〉を用いる。

Ⅴ 大過去

K I *noticed* that I **had forgotten** to call him.　M 109

彼に電話をかけるのを忘れていたことに気がついた。

K 過去完了形は，過去のある時点よりも前に起こった出来事を表すことができる。この用法は大過去と呼ばれる。

Ⅵ 未来完了形

L By next Sunday, **I'll have moved** into the new house.　M 110

次の日曜日までには新居に引っ越しているだろう。

M I **will have seen** the movie three times when I see it again.　M 111

もう一度その映画を見ると3回見たことになる。

N By the end of next month she **will have been** here for five years.　M 112

来月末で彼女はここに5年いることになる。

未来完了形〈will have＋過去分詞〉は未来のある時点における「完了・結果」「経験」「状態の継続」を表す。
L 「すでに引っ越してしまっているだろう」という「完了・結果」を表している。
M 「その映画を3回見たことになるだろう」という「経験」を表している。
N 「5年間いることになるだろう」という「状態の継続」を表している。

1. 次の日本文の意味に合うように, ( ) に入る適当な語 (句) を①〜④から選びなさい。

   (1) 父はそのペンを学生の頃から使っている。

   My father （　　　　） that pen since he was a student.

   ① uses　　　　　　　② is using　　　　　③ have used　　　　④ has been using

   (2) 彼女はその映画を 4 回見たことがある。

   She （　　　　） the movie four times.

   ① saw　　　　　　　② has seen　　　　　③ has been seeing　　④ is seeing

   (3) その国の子どもの多くは海を見たことがない。

   Many children in the country （　　　　） the sea.

   ① are never seeing　② have never seen　③ have never been seeing　④ did not see

   (4) あなたはもう何時間もゲームをしている。

   You （　　　　） the game for many hours.

   ① are playing　　　② played　　　　　③ play　　　　　④ have been playing

   (5) 弟は沖縄から帰ったばかりだ。

   My brother has （　　　　） come back from Okinawa.

   ① just　　　　　　　② often　　　　　　③ only　　　　　　④ ever

2. 次の日本文の意味に合うように, ( ) に適当な語を入れなさい。

   (1) 姉も私も一度もロンドンに行ったことがない。

   My sister and I have （　　　　　　） （　　　　　　） to London.

   (2) 彼らはこの問題について 2 時間以上話し合っている。

   They have （　　　　　） （　　　　　　） the issue for more than two hours.

   (3) ショーはすでに始まっている。

   The show has （　　　　） （　　　　）.

   (4) 今日は今のところすばらしい。

   Today （　　　　　） （　　　　　） great so far.

3. 次の日本文の意味に合うように, ( ) 内の語 (句) を並べ替えなさい。

   (1) あなたはこの CD を聞いたことがありますか。

   (to / ever / you / this CD / listened / have)?

   _____?

   (2) もう 3 日近く雨が降り続いている。

   It (for / days / has / raining / nearly / three / been).

   It _____.

22

4. 次の日本文の意味に合うように，（　　　）に入る適当な語（句）を①〜④から選びなさい。

(1) 彼は新しい仕事を見つけるまでに3年間ドーナツを売っていた。
He （　　　） doughnuts for three years when he found a new job.
① was selling　　　② sold　　　③ has sold　　　④ had been selling

(2) 彼女はその女性に以前会ったことがあると思った。
She thought she （　　　） the woman before.
① met　　　② had met　　　③ was meeting　　　④ had been meeting

(3) 今月の末で妹は5年間日記をつけたことになる。
My sister （　　　） her diary for five years at the end of this month.
① will keep　　　② has kept　　　③ will have kept　　　④ had kept

(4) 私たちが外に出た時には，太陽はもう沈んでいた。
The sun （　　　） when we went out.
① was still setting　　　② has already set　　　③ had already set　　　④ had been setting

(5) あなたはハノイへ行く前，ベトナム料理を食べたことがありましたか。
（　　　） Vietnamese foods before you went to Hanoi?
① Have you ever eaten　　　② Had you ever eaten
③ Have you already eaten　　　④ Had you already eaten

5. 次の日本文の意味に合うように，（　　　）に適当な語を入れなさい。

(1) ベルが鳴った時，先生はちょうど説明を終えたところだった。
The teacher （　　　） just （　　　） her explanation when the bell rang.

(2) ジュリアンは来月でちょうど4年間家を離れていることになる。
Julian （　　　） （　　　） been away from home for four years next month.

(3) 私の祖母は結婚式に参加するまで，花嫁を一度も見たことがなかった。
My grandmother （　　　） never （　　　） the bride until she attended the wedding ceremony.

(4) 子どもたちは公園に行ってきたところだと言った。
The children said they （　　　） （　　　） to the park.

6. 次の日本文の意味に合うように，（　　　）内の語（句）を並べ替えなさい。

(1) あなたが到着する頃には花火は終わっているだろう。
(the time / ended / the fireworks / have / by / will) you arrive.
_____ you arrive.

(2) キョウコが何年もピアノの練習をし続けてきたことをみんなが知っていた。
Everybody knew Kyoko (for / the piano / practicing / years / been / had).
Everybody knew Kyoko _____.

1. 次の英文を日本語にしなさい。

   (1) I have never heard such a strange story.
      私は＿＿＿＿＿＿＿＿＿＿＿＿＿＿＿＿＿＿＿＿＿＿＿＿＿＿＿＿＿＿＿＿＿＿。

   (2) How long have the children been watching TV?
      子どもたちは＿＿＿＿＿＿＿＿＿＿＿＿＿＿＿＿＿＿＿＿＿＿＿＿＿＿＿＿＿。

   (3) A lot of people have tried to solve this problem.
      たくさんの人が＿＿＿＿＿＿＿＿＿＿＿＿＿＿＿＿＿＿＿＿＿＿＿＿＿＿＿＿。

   (4) I'm sorry but I haven't finished my homework yet.
      すみませんが，＿＿＿＿＿＿＿＿＿＿＿＿＿＿＿＿＿＿＿＿＿＿＿＿＿＿＿＿。

   (5) Gosh! I have dropped my handkerchief somewhere.
      しまった！　どこかで＿＿＿＿＿＿＿＿＿＿＿＿＿＿＿＿＿＿＿＿＿＿＿＿。

2. 次の日本文の意味に合うように，英文を完成させなさい。

   (1) 今日はどこに行っていたのですか。
      ＿＿＿＿＿＿＿＿＿＿＿＿＿＿＿＿＿＿＿ today?

   (2) 彼らはコーヒーショップで何時間も話をしている。
      ＿＿＿＿＿＿＿＿＿＿＿＿＿＿＿＿＿＿＿＿＿＿＿＿ at the coffee shop.

   (3) 観光客の中には今まで一度もはしを使ったことがない人もいる。
      Some of the tourists ＿＿＿＿＿＿＿＿＿＿＿＿＿＿＿＿＿.

   (4) 彼らは学生の頃からよい友達だ。
      ＿＿＿＿＿＿＿＿＿＿＿＿＿＿＿＿＿＿＿＿＿ they were students.

   (5) バスはもう行ってしまった。
      The bus ＿＿＿＿＿＿＿＿＿＿＿＿＿＿＿＿.

3. 次の日本文を〔　　〕内の語（句）を使って英語にしなさい。

   (1) トムはこの前の月曜日から学校を休んでいる。〔Tom, absent〕
      ＿＿＿＿＿＿＿＿＿＿＿＿＿＿＿＿＿＿＿＿＿＿＿＿＿＿＿＿＿＿＿＿＿＿＿＿＿

   (2) あなたはチェスをしたことがありますか。〔chess〕
      ＿＿＿＿＿＿＿＿＿＿＿＿＿＿＿＿＿＿＿＿＿＿＿＿＿＿＿＿＿＿＿＿＿＿＿＿＿

   (3) 私はまだ昼食を食べていない。〔lunch〕
      ＿＿＿＿＿＿＿＿＿＿＿＿＿＿＿＿＿＿＿＿＿＿＿＿＿＿＿＿＿＿＿＿＿＿＿＿＿

   (4) 私は富士山に3回登ったことがある。〔Mt. Fuji〕
      ＿＿＿＿＿＿＿＿＿＿＿＿＿＿＿＿＿＿＿＿＿＿＿＿＿＿＿＿＿＿＿＿＿＿＿＿＿

   (5) 私はあなたに会うのをずっと楽しみに待っていました。〔looking forward to〕
      ＿＿＿＿＿＿＿＿＿＿＿＿＿＿＿＿＿＿＿＿＿＿＿＿＿＿＿＿＿＿＿＿＿＿＿＿＿

4. 次の英文を日本語にしなさい。

(1) My mother will have prepared dinner by the time we get home.

私たちが家に帰る頃には _____。

(2) The student had already solved the problem when the teacher gave them a clue.

先生がヒントを出した時には, _____。

(3) The girl had been crying before she saw her mother.

その女の子は _____。

(4) My father had never cooked before I was born.

父は _____。

(5) Koji had belonged to a local football team before he entered college.

コウジは _____。

5. 次の日本文の意味に合うように, 英文を完成させなさい。

(1) 私が到着した時, フェリーはすでに港を出ていた。

The ferry _____ the harbor when I got there.

(2) 私は, テレサはアメリカで彼女のお母さんから日本語を習ったと聞いた。

I heard Teresa _____ from her mother in the U.S.

(3) 両親が帰宅した時, トムはそのテレビゲームを2時間していた。

Tom _____ for two hours when his parents came home.

(4) ネルソン先生は4月で数学の教師を10年間してきたことになる。

Mr. Nelson _____ for 10 years in April.

(5) ロジャーはゾウを怖がっていた。彼はそのような大きな動物を見たことがなかった。

Roger was scared of the elephants. He _____ .

6. 次の日本文を〔　　〕内の語 (句) を使って英語にしなさい。

(1) ミカはジロウに数回会ったことがあると言った。〔Mika, Jiro, several〕

_____

(2) 父がパソコンをくれるまで, 私は一度も使ったことがなかった。〔gave, one〕

_____

(3) 彼は今度の火曜日までには時計を修理し終わっているだろう。〔repaired, clock, by〕

_____

(4) ベンがやっと来た時, 私は彼を2時間待っていた。〔waiting, Ben, finally〕

_____

(5) デビューした時, 私たちは3年間バンドを組んでいた。〔been a band, made our debut〕

_____

Ⅰ can/could の用法

Ⓐ I **can** read French, but I **can't** speak it.　M 113

フランス語は読めますが話せません。

Ⓑ He **can't** be wrong.　彼が間違っているはずがない。　M 115

Ⓒ You **can** use my cell phone.　僕の携帯電話を使ってもいいよ。　M 117

Ⓓ **Can you** lend me an umbrella?　かさを貸してくれませんか。　M 120

can は「**能力**」のほか,「**可能性**」や「**許可**」を表す。また疑問文で「**依頼**」を表すこともできる。

Ⓐ「～できる［できない］」という「能力」を表している。

㊟ 過去の能力を表す場合は be able to の過去形 was/were able to を使って表すのが,ふつう。

　cf. He **was able to** get there by noon yesterday. (彼は昨日正午までにそこに着くことができた。)

Ⓑ 否定形で「～のはずがない」という「可能性の強い否定」を表している。

Ⓒ「～してもよい」という「許可」を表している。

Ⓓ「～してくれませんか」という「依頼」を表している。

Ⅱ may/might の用法

Ⓔ **May I** speak to you in private for a few minutes?　M 124

2 人だけで少しお話しさせていただいてもよろしいですか。

Ⓕ "Where's Don?" "He **may** be in the yard."　M 125

「ドンはどこ？」「庭にいるかもしれないよ。」

may は「**許可**」や「**可能性・推量**」を表す。

Ⓔ「～させていただいてもよろしいですか」という「許可」を求めている。

　May I ～? は Can I ～? よりも丁寧で堅い表現。

Ⓕ「～かもしれない」という「可能性・推量」を表している。

Ⅲ must / have to の用法

Ⓖ "Do you want to go to a movie?" "I'd love to, but I **must** do my homework." M 127

「映画を見に行かない？」「行きたいけど宿題をしないといけない。」

Ⓗ I **will have to** tell her this secret some day.　M 129

いつか彼女にこの秘密を話さなければならないだろう。

Ⓘ All the players **must** be tired after the heated game.　M 132

白熱した試合のあとでは選手は全員疲れているにちがいありません。

「**義務・必要**」を表す。must は「**確信のある推量**」を表すこともある。

Ⓖ must が「～しなければならない」という「義務・必要」を表している。

Ⓗ 未来のことを述べる場合は will have to を用いる。

Ⓘ must が「～にちがいない」という「確信のある推量」を表している。

㊟ 否定形では,must not が「～してはいけない」という「禁止」を表すのに対し,don't have to は「～する必要はない」という「不必要」を表す。

IV 意志を表す will

❶ I**'ll** text you as soon as I arrive in Hong Kong.　　　M 134

　香港に着いたらすぐメールするよ。

❷ He **won't** listen to my advice.　　　M 135

　彼はどうしても私の助言を聞こうとしない。

❶ will は「〜するつもりだ」という**その場で決めた意志**を表す。
❷ won't は「どうしても〜しようとしない」という**現在における拒絶**の意志を表す。

V 依頼・指示を表す will / 相手の意向を尋ねる shall

❸ **Will you** pass me the pepper?　コショウを取ってくれる？　　　M 139
❹ **Shall I** make you a sandwich?　サンドイッチを作りましょうか。　　　M 141

❸ Will you ...? は親しい相手に対して用いて「…してくれる？」という意味を表す。もっと丁寧に言う場合は Would you ...? を用いる。
❹ Shall I ...? は「(私が) …しましょうか」と申し出る時に用いる。
　相手と自分を含んで「(一緒に) …しませんか」と**「勧誘」**したり，「(一緒に) …してはどうですか」と**「提案」**したりする場合は Shall we ...? を用いる。

VI 過去の習慣を表す would / used to

❺ He **would** often go fishing in the river when he was a child.　　　M 138

　子どもの頃，彼はよく川でつりをしたものだ。

❻ I **used to** jog, but now I am too busy.　　　M 143

　私は以前はジョギングをしていたが，今ではあまりにも忙しくてしていない。

❺ would が「〜したものだ」という**過去の習慣**を表している。
❻ used to が「(以前は) よく〜したものだ (現在はしない)」という**過去の習慣**を表している。used to の発音は [júːstə] であることにも注意。

VII 義務や推量を表す should / ought to

❼ Drivers **should** obey the speed limit.　　　M 145

　ドライバーは速度制限を守るべきだ。

❽ You **ought to** have a medical checkup.　　　M 146

　君は健康診断を受けるべきだ。

❾ He **should** be back at home by now.　　　M 147

　彼は今頃は家に帰っているはずだ。

❼❽「〜すべきである」という「義務」を表している。
注 ought to の否定形は ought not to または oughtn't to。
❾ should が「〜のはずだ」という「推量」を表している。

Ⅷ had better / need

S You**'d better** go home before it starts to rain. M 149
雨が降らないうちにお帰りなさい。

T You **need not** apologize.　あなたは謝る必要はない。 M 150

S had better は「〜すべきである」や「〜した方がよい」という**「忠告」**を表す。You'd は You had の短縮形。had better の否定形は had better not。

T need は一般動詞の他に助動詞として**否定文**（〜する必要はない）や**疑問文**（〜する必要がありますか）で使う。

Ⅸ 助動詞＋ have ＋過去分詞

U He **may have taken** the wrong train. M 155
彼は電車を乗り間違えたのかもしれない。

V She **must have known** the news in advance. M 156
彼女は前もってその知らせを知っていたにちがいない。

W You **can't have seen** me at the party yesterday. I wasn't even there. M 157
君が昨日のパーティーで私を見たはずがない。私は出席もしていないのだから。

X You **should have knocked** before you came in. M 158
入る前にあなたはノックすべきでした。

U 〈may have ＋過去分詞〉は「〜したかもしれない」という意味。
V 〈must have ＋過去分詞〉は「〜したにちがいない」という意味。
W 〈can't have ＋過去分詞〉は「〜したはずがない」という意味。
X 〈should have ＋過去分詞〉は「〜すべきだったのに（実際はしなかった）」という意味。

Ⅹ 慣用表現

Y I**'d like to** ask you a question about the matter. M 152
その件について質問をさせていただきたい。

Z I**'d rather** play soccer than watch it. M 154
サッカーを見るよりもプレーしたい。

α It **may well** rain before tonight. M 167
晩までにきっと雨になるだろう。

β I **might as well** go home. I have nothing to do at the school. M 169
家に帰るとでもするか。学校にいてもすることがないし。

Y 〈would like to ＋動詞の原形〉「〜したいのですが」（丁寧に要望を伝える）
Z 〈would rather ＋動詞の原形 A ＋ than ＋動詞の原形 B〉「B するよりも A したい」
α 〈may well ＋動詞の原形〉「〜する可能性が十分ある」（may（〜かもしれない）＋ well（十分に））
β 〈might as well ＋動詞の原形〉「（他によい考えもないので）〜してもよい」（消極的な姿勢を表す）

1. 次の日本文の意味に合うように, (　　) に入る適当な語 (句) を①〜④から選びなさい。

   (1) もし必要ならこの傘を持っていってもよい。

   You （　　　　） take this umbrella if you need one.

   ① can　　　　　　　② might　　　　　　③ must　　　　　　④ have to

   (2) ビルは私たちを手伝う必要はない。

   Bill （　　　　） help us.

   ① must not　　　　② doesn't have to　　③ can't　　　　　④ might not

   (3) あの男性を見て。私たちの飛行機の機長にちがいないよ。

   Look at that man. He （　　　　） be the captain of our flight.

   ① can　　　　　　　② might　　　　　　③ could　　　　　④ must

   (4) 「もう行ってもよろしいですか。」「いいですよ。また来週。」

   "（　　　　） I leave now?" "Yes. See you next week."

   ① Do　　　　　　　② Must　　　　　　③ Am　　　　　　④ May

   (5) 私の自転車はとても古い。すぐに新しいのを買わなければならないだろう。

   My bike is very old. I will （　　　　） a new one soon.

   ① buy　　　　　　　② could buy　　　　③ have to buy　　④ be able to buy

2. 次の日本文の意味に合うように, (　　) に適当な語を入れなさい。

   (1) 駅に行く道を教えてくれませんか。

   （　　　　　　　） you tell me the way to the station?

   (2) アダムはその事故について何か知っているかもしれない。

   Adam （　　　　　　　） know something about the accident.

   (3) あなたは私の話を注意して聞かなければならない。

   You （　　　　　　　） listen to me carefully.

   (4) スーザンが忙しいはずがない。週末の予定は何もないと言っていた。

   Susan （　　　　　　　） be busy. She said she had no plans for the weekend.

3. 次の日本文の意味に合うように, (　　) 内の語 (句) を並べ替えなさい。

   (1) あなたはアメリカで仕事に就くことができるかもしれない。

   (to / may / you / a job / able / be / get) in the U.S.

   _____ in the U.S.

   (2) 弁護士になりたいのなら，あなたは一生懸命勉強しなければならないだろう。

   (to / have / will / you / hard / study) if you want to become a lawyer.

   _____ if you want to become a lawyer.

4. 次の日本文の意味に合うように，（　　）に入る適当な語（句）を①〜④から選びなさい。

(1) 鉛筆を 1 本貸してもらえますか。

（　　　　） lend me a pencil?

① Will you　　　　② Shall you　　　　③ Shall I　　　　④ Can I

(2) 待っている間にトランプをしましょうか。

（　　　　） play cards while we wait?

① Will you　　　　② Do we　　　　③ Shall we　　　　④ Can I

(3) 祖父母は以前，食料雑貨店を経営していた。

My grandparents （　　　　） run a grocery.

① would often　　　　② used to　　　　③ ought to　　　　④ shall

(4) 父の自動車がどうしても始動しない。

My father's car （　　　　） start.

① won't　　　　② shall not　　　　③ wouldn't　　　　④ shouldn't

(5) これらの問題を無視すべきではない。

You （　　　　） not ignore these problems.

① shall　　　　② will　　　　③ should　　　　④ would

5. 次の日本文の意味に合うように，（　　）に適当な語を入れなさい。

(1) 私の祖父はかつて英語の教師だった。

My grandfather （　　　　）（　　　　）（　　　　） an English teacher.

(2) 私は TS ホテル東京に滞在するつもりだ。

I （　　　　） stay at TS Hotel Tokyo.

(3) 親は子どもにむりやり勉強をさせるべきではない。

Parents （　　　　）（　　　　）（　　　　） force their children to study.

(4) パーティーに飲み物を持っていきましょうか。

（　　　　） I bring some drinks to the party?

6. 次の日本文の意味に合うように，（　　）内の語（句）を並べ替えなさい。

(1) 町中にはかつて店がたくさんあった。

(stores / be / there / a lot of / to / used) in town.

_____ in town.

(2) 彼に対して怒るべきではない。

(be / with / ought / you / angry / him / to / not).

_____ .

7. 次の日本文の意味に合うように，（　　）に入る適当な語句を①〜④から選びなさい。

(1) 父は若いうちにもっと勉強しておくべきだったとよく言っている。

My father often says he （　　　）more while he was young.

① must have studied　　　　　　② had better study

③ should have studied　　　　　④ may well study

(2) パーティーにそんなにたくさん食べ物を用意しなくてよい。

You （　　　）prepare so much food for the party.

① need not　　　② had better not　　③ would like to　　④ might as well

(3) 彼は私に何か言ったかもしれないが，聞こえなかった。

He （　　　）something to me, but I couldn't hear him.

① would like to say　　② may well say　　③ might have said　　④ must have said

(4) あなたは毎日，新聞を読んだ方がよい。

You （　　　）read the newspaper every day.

① may well　　　② had better　　　③ should have　　　④ could have

(5) ビッキーは夏休み中，祖父母を訪ねるよりも海外へ行きたいと思っている。

Vicky （　　　）go abroad than visit her grandparents on summer holidays.

① would rather　　② would like to　　③ might as well　　④ must have

8. 次の日本文の意味に合うように，（　　）に適当な語を入れなさい。

(1) あなたは自分の間違いをそんなに申しわけなく思う必要はない。

You （　　　　）（　　　　）feel so bad about your mistake.

(2) 私たちは水を持ってくるべきだった。

We （　　　　）（　　　　）（　　　　）some water with us.

(3) アンはすでに家を出たにちがいない。

Anne （　　　　）（　　　　）already （　　　　）home.

(4) そのイヌはきっとおなかがすいているのだろう。

The dog （　　　　）（　　　　）be hungry.

9. 次の日本文の意味に合うように，（　　）内の語（句）を並べ替えなさい。

(1) 私たちは公園まで歩いてもいい。

We （ walk / the park / well / might / as / to ）.

We _____.

(2) あなたはそこへ 1 人でいかない方がいい。

You （ there / better / go / not / had ）alone.

You _____ alone.

1. 次の英文を日本語にしなさい。

(1) We have to wait for Ken at the station.

私たちは駅で _____ 。

(2) My father might buy me a computer.

父は私に _____ 。

(3) Takeshi can't be good at cooking. He always buys frozen foods.

タケシは _____ 。彼はいつも冷凍食品を買っている。

(4) Mr. Collins lived in Japan before. He must know a lot about its culture.

コリンズさんは以前，日本に住んでいた。_____ 。

(5) Can you explain why you didn't come to the party?

あなたがパーティーに来なかった _____ 。

2. 次の日本文の意味に合うように，英文を完成させなさい。

(1) こんにちは。お名前をうかがってもよろしいですか。

Good afternoon. _____ your name, please?

(2) メアリーは今日，学校を休んだので，私が動物にえさをあげなければならなかった。

Mary was absent from school today, so _____ feed the animals.

(3) 試験中に携帯電話を使ってはならない。

_____ your mobile phones during the examination.

(4) 私の息子は読んだり書いたりできない。彼はまだ 1 歳だ。

_____ or write. He is only one year old.

(5) 地図を持っていたので，私はそのレストランにたどり着くことができた。

I had a map, so _____ get to that restaurant.

3. 次の日本文を〔 　 〕内の語（句）を使って英語にしなさい。

(1) あなたは 100 メートル以上泳げますか。〔more than 100 meters〕

_____

(2) あなたのプレゼンテーションを始めてもよい。〔presentation〕

_____

(3) 私は自分の英語力を向上させなければならない。〔improve, English skills〕

_____

(4) あなたはこれらのルールを守らなければならない。〔follow〕

_____

(5) 長い一日のあとであなたは疲れているにちがいない。〔after a long day〕

_____

4. 次の英文を日本語にしなさい。

(1) Will you go to the post office for me?

私のために_____。

(2) You should help your mother every day.

あなたは_____。

(3) Shall we go on a picnic next weekend?

今度の週末に_____。

(4) My grandfather used to enjoy skiing in winter.

_____をして楽しんでいた。

(5) I will study hard and become a doctor in the future.

私は_____。

5. 次の日本文の意味に合うように，英文を完成させなさい。

(1) 駅までの地図を描いてあげましょうか。

_____ a map to the station for you?

(2) あなたはムラタ・ケンジを知っているはずだ。有名なピアニストだ。

_____ Kenji Murata. He is a famous pianist.

(3) 天候が悪ければ私たちはピクニックを中止します。

_____ the picnic if the weather is bad.

(4) 私の母は以前，中学校で歴史を教えていた。

_____ history at junior high school.

(5) ナオミはどうしても私に電話番号を教えてくれない。

Naomi _____ me her phone number.

6. 次の日本文を〔　　　〕内の語 (句) を使って英語にしなさい。

(1) ドアを閉めてもらえますか。〔the door〕

_____

(2) あなたは帽子をかぶるべきだ。〔your hat〕

_____

(3) 私たちはあの高い木の下でよくランチを食べたものだ。〔would, have, under〕

_____

(4) 私は二度と彼らを信用しない。〔trust〕

_____

(5) 駅までバスで行きましょうか。〔by bus〕

_____

7. 次の英文を日本語にしなさい。

(1) Jane has a map app on her phone, so she can't have gotten lost.

ジェーンは電話に地図アプリをいれているので，_____。

(2) We'd rather change our route than give up the trip itself.

私たちは旅行そのものを諦めるよりも_____。

(3) Look at the flowers. Someone must have already watered them.

花を見て。誰かがすでに_____。

(4) I would like to see the new English teacher.

私は_____。

(5) You may well be good at swimming.

あなたは_____。

8. 次の日本文の意味に合うように，英文を完成させなさい。

(1) おなかがすいた。私は今朝，朝食を食べるべきだった。

I'm hungry. I _____ this morning.

(2) レイチェルはとてもうれしそうだ。彼女は試験に合格したにちがいない。

Rachel looks so happy. _____ the exam.

(3) あなたは今夜，外出しない方がいい。雪になるだろう。

_____ tonight. It will be snowing.

(4) 私は彼に間違った電話番号を伝えたかもしれない。

_____ the wrong phone number.

(5) 明日はきっととても暑いだろう。

It _____ tomorrow.

9. 次の日本文を〔　〕内の語(句)を使って英語にしなさい。

(1) あなたは私と一緒に来る必要がありません。〔need, with〕

_____

(2) 私たちは安いホテルに泊まりたいのですが。〔at, cheap〕

_____

(3) あなたは自分の部屋の掃除でもした方がいい。〔might, well〕

_____

(4) あなたは傘を持っていった方がよい。〔better, take, with you〕

_____

(5) あなたは昨晩，もっと早く就寝するべきだったのに。〔should, to bed, earlier〕

_____

Lesson 4 受動態

I 受動態の基本形

Ⓐ This is *The Scream*. It **was painted by** Edvard Munch. 　M 171

これが「叫び」です。これはエドヴァルド・ムンクによって描かれました。

Ⓑ This tower **was built** three centuries ago. 　M 172

この塔は 300 年前に建てられた。

受動態は**行為を受ける側**を主語にして〈be 動詞＋過去分詞〉という形で表す。

Ⓐ 行為を受ける側である It (= *The Scream*) が主語になっている。「誰・何によって」その行為がなされたのかを示す必要がある時は **by ～** を文末に置く。

注 受動態の疑問文の基本形と否定文

Yes/No 疑問文："**Is this seat taken?**" "No. Go ahead."（「この席はふさがっていますか。」「いいえ，どうぞ。」）M 173

疑問詞を使う疑問文："**Who was chosen** as chairperson?" "Mr. Wilson was."（「誰が議長に選ばれたのですか。」「ウィルソンさんです。」）M 174

否定文：Rome **was not built** in a day.（ローマは 1 日にしてならず。）M 177

Ⓑ 行為を受ける側である This tower が主語になっている。「誰・何によって」を述べる必要がない時は by ～ を付けない。

注 受動態は「～される」という**動作**と「～されている」という**状態**の両方を表す。

動作：The door **was locked** by the guard.（ドアは守衛によってカギをかけられた。）M 185

状態：The door **was locked** when we went there yesterday.（昨日そこに行った時，ドアにはカギがかけられていた。）M 186

II 助動詞を使う受動態

Ⓒ Traffic rules **must be obeyed**. 　M 178

交通規則は守らねばならない。

Ⓒ 受動態と一緒に**助動詞**を使う場合は〈助動詞＋ be ＋過去分詞～〉の語順になる。

III 完了形の受動態

Ⓓ Dogs **have been kept** as pets for thousands of years. 　M 179

何千年もの間，イヌはペットとして飼われてきた。

Ⓓ **完了形**の受動態は〈have been ＋過去分詞～〉の語順になる。

IV 進行形の受動態

Ⓔ A new house **is being built**. 　M 180

新しい家が建設中である。

Ⓔ **進行形**の受動態（～されているところである）は〈be 動詞＋ being ＋過去分詞〉で表す。

V SVOO の受動態

F Beth **was given** the key.   ベスはそのカギを渡された。   `M 181`

G The key **was given to** Beth.   そのカギはベスに渡された。   `M 182`

H This ring **was bought for** Susan.   `M 183`
    この指輪はスーザンのために購入された。

F 〈give ＋人＋物〉の文は「人」を主語にした受動態〈**人 ＋ be 動詞 ＋ given ＋物**〉にできる。

G 〈give ＋人＋物〉の文は「物」を主語にした受動態〈**物 ＋ be 動詞 ＋ given to ＋人**〉にすることもできる。前置詞 to に注意。

H 〈buy ＋人＋物〉や〈make ＋人＋物〉の文は,「物」を主語にした受動態〈**物 ＋ be 動詞 ＋ 過去分詞 ＋ for ＋人**〉しかできない。前置詞 for に注意。

VI SVOC の受動態

I This street **is called** Rainbow Street.   `M 184`
    この通りはレインボー通りと呼ばれています。

I SVOC の文の受動態は O を主語にし,〈**be 動詞 ＋ 過去分詞 ＋ C**〉となる。

VII 句動詞の受動態

J The meeting **was put off** until the next week.   `M 187`
    会議はその翌週まで延期された。

J 他動詞の働きをする句動詞(〈動詞＋副詞〉や一部の〈動詞＋前置詞〉)は受動態にできる。
    put off 〜 (〜を延期する) は他動詞の働きをする〈動詞＋副詞〉の句動詞。
    受動態にできる〈動詞＋前置詞〉の句動詞は, speak to 〜 (〜に話しかける), laugh at 〜 (〜をばかにして笑う), hear from 〜 (〜から便りをもらう) など。

VIII 受動態で表されることが多い表現

K I **was surprised at** the result.   私はその結果に驚いた。   `M 191`

L The actor **is known to** all movie fans.   `M 193`
    その俳優はすべての映画ファンに知られている。

K surprised など, **感情**は受動態で表すことが多い。

> **プラス　感情を表す受動態**
>
> be amazed at 〜 (〜に驚嘆する), be confused with [at, about] 〜 (〜に困惑する), be disappointed in [with] 〜 (〜にがっかりする), be embarrassed about [at] 〜 (〜に当惑する), be excited about [at] 〜 (〜にわくわくする), be worried about 〜 (〜を心配する)

L by 以外の前置詞を使って受動態を作る動詞がある。主なものは, be known to 〜 のほか, be covered with 〜 (〜に覆われている), be filled with 〜 (〜で満たされている) など。

1. 次の日本文の意味に合うように，（　　　）に入る適当な語（句）を①〜④から選びなさい。

(1) この国では年長者たちはとても尊敬されている。

The elderly are highly （　　　　） in this country.

① respect   ② respected   ③ respects   ④ respecting

(2) ケンジは今，病院で手当を受けているところだ。

Kenji （　　　　） treated in the hospital now.

① has   ② is being   ③ was   ④ must be

(3) このプールは 5 年間使われていない。

This swimming pool （　　　　） used for five years.

① is   ② isn't being   ③ has been   ④ hasn't been

(4) 驚いたことに，エリックがキャプテンに選ばれた。

Surprisingly, Eric （　　　　） chosen as captain.

① is   ② was   ③ has   ④ is being

(5) 警報装置は現在，検査されているところだ。

The alarm system （　　　　） now.

① is testing   ② has tested   ③ is being tested   ④ has been testing

2. 次の日本文の意味に合うように，（　　）に適当な語を入れなさい。

(1) この小説は日本人の医師によって書かれた。

This novel （　　　　）（　　　　） by a Japanese doctor.

(2) 山のふもとでたくさんの木が伐採されているところだ。

Many trees are （　　　　）（　　　　） down at the foot of the mountain.

(3) 晴れた日には私の部屋から富士山を見ることができる。

Mt. Fuji （　　　　）（　　　　）（　　　　） from my room on clear days.

(4) この工場では何が作られているのですか。

What （　　　　）（　　　　） in this factory?

3. 次の日本文の意味に合うように，（　　）内の語を並べ替えなさい。

(1) 台風のせいでそのコンサートは中止になるかもしれない。

（ canceled / the / be / might / concert ） due to the typhoon.

_____ due to the typhoon.

(2) この生き物は 5 年前にフランス人の科学者によって発見された。

（ by / creature / this / discovered / was ） a French scientist five years ago.

_____ a French scientist five years ago.

4. 次の日本文の意味に合うように，（　　）に入る適当な語（句）を①〜④から選びなさい。

(1) その生まれたばかりの赤ちゃんは元気と名づけられた。

The newborn baby （　　　　） Genki.

① named ② was named ③ was named by ④ was naming

(2) 6時にすべての明かりがつけられた。

All the lights were （　　　　） at six o'clock.

① turning ② turning on ③ turned ④ turned on

(3) ベンの両親は彼のことを心配している。

Ben's parents are worried （　　　　） him.

① about ② by ③ in ④ with

(4) 彼はきっと結果にがっかりしているにちがいない。

He must be （　　　　） the results.

① disappointing ② disappointed ③ disappointing in ④ disappointed with

(5) この仕事はロレッタに提案されたが，彼女は引き受けることができなかった。

This job （　　　　） Loretta, but she couldn't take it.

① offered ② offered to ③ was offered ④ was offered to

5. 次の各組の文がほぼ同じ意味になるように，（　　）に適当な語を入れなさい。

(1) Kenji gave me the details of the plan.

The details of the plan （　　　　） （　　　　） （　　　　） me by Kenji.

(2) Her friends call her Katie.

She （　　　　） （　　　　） （　　　　） by her friends.

(3) Gordon cares for this horse.

This horse （　　　　） （　　　　） （　　　　） by Gordon.

6. 次の日本文の意味に合うように，（　　）内の語を並べ替えなさい。

(1) 私はクーポンをもらったが，使わないと思う。

(coupon / was / I / a / given), but I don't think I will use it.

_____, but I don't think I will use it.

(2) これらの本は明日図書館に返却しなければならない。

(returned / these / be / must / to / books) the library tomorrow.

_____ the library tomorrow.

(3) その自動車はほこりに覆われていた。

(with / car / dust / the / covered / was).

_____.

1. 次の英文を日本語にしなさい。

(1) My bicycle has just been repaired.

私の自転車は _____。

(2) About 2,000 pairs of shoes are produced every day in this factory.

この工場では毎日 _____。

(3) My dog is being trained by a famous trainer.

私のイヌは _____。

(4) Miki and I were invited to the party.

ミキと私は _____。

(5) Where is your university located?

あなたの大学は _____。

2. 次の日本文の意味に合うように，英文を完成させなさい。

(1) これらの写真はアフリカで撮られた。

These photos _____.

(2) ドアは内側から鍵がかけられていた。

_____ from the inside.

(3) これらの装置は注意深く運ばれなければならない。

These devices _____ with care.

(4) あなたの注文品は今配達中だ。

_____ delivered now.

(5) この件に関してまだ何の決定もなされていない。

No _____ made yet regarding this matter.

3. 次の日本文を〔 　 〕内の語 (句) を使って英語にしなさい。

(1) この人形はロシアで作られたにちがいない。〔doll, made〕

_____

(2) この話は多くの言語に翻訳されるだろう。〔story, translated〕

_____

(3) この科学技術は 20 年間研究されている。〔technology, studied〕

_____

(4) 予約はオンラインでできる。〔reservations, made, online〕

_____

(5) その祭りは今，公園で開催されているところだ。〔festival, the park〕

_____

4. 次の英文を日本語にしなさい。

(1) Many things were brought to Japan from Portugal.
たくさんのものが _____ 。

(2) He was looked after by his grandmother when he was small.
彼は, _____ 。

(3) What is this musical instrument called in English?
この楽器は _____ 。

(4) You don't have to be embarrassed about making mistakes.
間違えることを _____ 。

(5) We were amazed at his hard work.
私たちは _____ 。

5. 次の日本文の意味に合うように, 英文を完成させなさい。

(1) 彼女は独特すぎるアイデアのせいでよく笑われた。
She _____ for her too unique ideas.

(2) 誰が首相に選出されるだろうか。
_____ prime minister?

(3) そのドアは1日中開けたままにしておくべきだ。
The door _____ open all day.

(4) 11月には地面が赤い葉で覆われる。
The ground _____ in November.

(5) マーカスはもう一度チャンスを与えられればその仕事をもっと上手にやるだろう。
Marcus will do the job better if he _____ .

6. 次の日本文を〔 〕内の語 (句) を使って英語にしなさい。

(1) その手紙はエミに速達で送られてきた。〔sent, Emi, by express〕

_____

(2) あなたは何をそんなに心配しているのですか。〔so worried〕

_____

(3) 勝者には新車が与えられるだろう。〔a new car〕

_____

(4) 電車は乗客でいっぱいだった。〔the train, filled〕

_____

(5) 映画祭はまた延期された。〔the film festival, been〕

_____

1. 次の日本文の意味に合うように，（　　）に入る適当な語句を①〜④から選びなさい。

(1) 私は夕食のあとに皿を洗う必要がある。

I （　　　　） the dishes after dinner.

① need it to wash　　② need to wash　　③ have to wash it　　④ have washed to

(2) サラはほかの人の感情を故意に傷つけるような人ではない。

Sara is not （　　　　） others' feelings on purpose.

① a person to hurt　　② to hurt a person　　③ a person hurts　　④ hurt a person

(3) 私の夢はこのトーナメントで優勝することだ。

My dream is （　　　　） this tournament.

① to win　　② to winning　　③ to the winner　　④ to be the winner

(4) トムには私たちと話をする時間があまりない。

Tom doesn't have （　　　　） with us.

① much time to talk　　　　② to talk a lot

③ talked many times　　　　④ to talk about time

(5) 友達と一緒に英語の勉強をするのは楽しい。

（　　　　） to study English with my friends.

① To have fun　　② Fun to have　　③ That's fun　　④ It's fun

2. 次の日本文の意味に合うように，（　　）に適当な語を入れなさい。

(1) 私はあのさわがしい男の子たちに腹を立てないようにした。

I tried （　　　　）（　　　　） get angry with those noisy boys.

(2) 野菜を毎日たくさん食べることがとても重要だ。

（　　　　） is very important （　　　　） eat plenty of vegetables every day.

(3) ユウジは海外でサッカーをしたいという欲求を感じた。

Yuji felt a （　　　　）（　　　　） play soccer overseas.

(4) 私の姉は家の近くの喫茶店で働くことにした。

My sister decided （　　　　）（　　　　） at a café near my house.

3. 次の日本文の意味に合うように，（　　）内の語(句)を並べ替えなさい。

(1) 私は電車で飲む物を買いたい。

(drink / something / to / to / want / I / buy) on the train.

_____ on the train.

(2) 多くの人々はオンラインで写真の送受信をすることを便利だと思っている。

(send / convenient / it / many people / to / find) and receive pictures online.

_____ and receive pictures online.

4. 次の日本文の意味に合うように、（　　）に入る適当な語（句）を①～④から選びなさい。

(1) あなたにはもっと他人にやさしくなってもらいたい。

I want（　　　　）more kind to others.

① be you　　　　　② to be your　　　　　③ you to be　　　　　④ your being

(2) 冷たい川で泳ぐなんて彼女は馬鹿だ。

It is stupid（　　　　）her to swim in the cold river.

① with　　　　　② of　　　　　③ to　　　　　④ on

(3) 彼から手紙をもらってびっくりした。

I was surprised（　　　　）a letter from him.

① receive　　　　　② to receive　　　　　③ receiving　　　　　④ received

(4) ビルは息子に野球選手になってほしいと思っている。

Bill wants his son（　　　　）a baseball player.

① to be　　　　　② be　　　　　③ being　　　　　④ been

(5) ジムはお金を稼ぐためにパートで働いている。

Jim is working part-time（　　　　）some money.

① earned　　　　　② earn　　　　　③ to earn　　　　　④ earning

5. 次の日本文の意味に合うように、（　　）に適当な語を入れなさい。

(1) うちのイヌは16歳まで生きた。

Our dog（　　　　）（　　　　）（　　　　）16.

(2) 彼女は目が覚めると、自分が泣いているのに気づいた。

She woke up（　　　　）（　　　　）that she was crying.

(3) バスに乗り損ねるとはあなたは不注意だった。

You were careless（　　　　）（　　　　）the bus.

(4) 先生は私たちにこの本を読むように奨励した。

The teacher（　　　　）us（　　　　）（　　　　）this book.

6. 次の日本文の意味に合うように、（　　）内の語を並べ替えなさい。

(1) 帰宅すると私の車が盗まれていることがわかった。

I（ find / to / home / came ）that my car was stolen.

I _____ that my car was stolen.

(2) トムに助けを求めるとはあなたは賢明だ。

（ of / it / to / is / you / ask / wise ）Tom for help.

_____ Tom for help.

1. 次の英文を日本語にしなさい。

(1) Mr. Cooper had no time to spare for us.　*spare：(時間) を割く

クーパーさんには＿＿＿＿＿＿＿＿＿＿＿＿＿＿＿＿＿＿＿＿＿＿＿＿がなかった。

(2) I think you will find it exciting to practice judo.

あなたは＿＿＿＿＿＿＿＿＿＿＿＿＿＿＿＿＿＿＿＿＿＿＿＿＿＿と思うだろう。

(3) I hope to work as a chef at a three-star restaurant.

私の願いは三ツ星レストランで＿＿＿＿＿＿＿＿＿＿＿＿＿＿＿＿＿＿＿＿。

(4) I need a piece of paper to write down your e-mail address on.

＿＿＿＿＿＿＿＿＿＿＿＿＿＿＿＿＿＿＿＿＿＿＿＿＿＿紙切れが必要だ。

(5) It is our pleasure to have you as the guest speaker.

あなたをゲスト講演者として＿＿＿＿＿＿＿＿＿＿＿＿＿＿＿＿＿＿＿＿。

2. 次の日本文の意味に合うように，英文を完成させなさい。

(1) 私たちの計画では，7月に沖縄に行くことになっている。

Our plan is ＿＿＿＿＿＿＿＿＿＿＿＿＿＿＿ Okinawa in July.

(2) 私たちは東京駅で電車を乗り換える必要がある。

We ＿＿＿＿＿＿＿＿＿＿＿＿＿＿＿＿ trains at Tokyo Station.

(3) 先生の話を聞くことはとても重要だ。

It is very ＿＿＿＿＿＿＿＿＿＿＿＿＿＿＿ to your teacher.

(4) 私には何も話すことがない。

I have nothing ＿＿＿＿＿＿＿＿＿＿＿＿＿＿＿.

(5) バンドでギターを弾くのは楽しい。

It ＿＿＿＿＿＿＿＿＿＿＿＿＿＿＿＿ play the guitar in a band.

3. 次の日本文を〔　　〕内の語 (句) を使って英語にしなさい。

(1) 1週間でこれらの本をすべて読むのは大変でした。〔hard, in a week〕

＿＿＿＿＿＿＿＿＿＿＿＿＿＿＿＿＿＿＿＿＿＿＿＿＿＿＿＿＿＿＿＿＿

(2) トムは昼食にサンドイッチを食べたいと思っている。〔some sandwiches〕

＿＿＿＿＿＿＿＿＿＿＿＿＿＿＿＿＿＿＿＿＿＿＿＿＿＿＿＿＿＿＿＿＿

(3) エミリーは私たちを支援するという約束を破った。〔broke, support〕

＿＿＿＿＿＿＿＿＿＿＿＿＿＿＿＿＿＿＿＿＿＿＿＿＿＿＿＿＿＿＿＿＿

(4) 私はこの質問に答えるのは不可能だと思った。〔found〕

＿＿＿＿＿＿＿＿＿＿＿＿＿＿＿＿＿＿＿＿＿＿＿＿＿＿＿＿＿＿＿＿＿

(5) 私は今日は外出しないことにした。〔have decided〕

＿＿＿＿＿＿＿＿＿＿＿＿＿＿＿＿＿＿＿＿＿＿＿＿＿＿＿＿＿＿＿＿＿

4. 次の英文を日本語にしなさい。

(1) Tom helped his father to wash the car.

トムは _____ 。

(2) It was careless of him to make such a mistake.

そんな間違いをするなんて _____ 。

(3) We are pleased to hear that Kate will come to see us in July.

ケイトが7月に会いに来る _____ 。

(4) My grandfather lived to be 93.

私の祖父は _____ 。

(5) It is dangerous for small children to swim in this pool alone.

小さい子どもたちが子どもだけで _____ 。

5. 次の日本文の意味に合うように，英文を完成させなさい。

(1) 彼らの息子は大きくなって警官になった。

Their son _____ a police officer.

(2) ボブは野菜を買うために食料雑貨店へ行った。

Bob went to the grocery store _____ .

(3) 私はこのチームの一員であることをうれしく思う。

I am _____ a member of this team.

(4) 彼女がそんなことを言うなんて，何か理由があるにちがいない。

There must be a reason for her _____ .

(5) 彼女は目が覚めると，自分が病院にいることに気づいた。

She _____ herself in the hospital.

6. 次の日本文を〔　〕内の語（句）を使って英語にしなさい。

(1) 私たちはテレビでそのサッカーの試合を見て興奮した。〔we, excited, on TV〕

_____

(2) その申し出を断るとは彼女は愚かにちがいない。〔she, foolish, refuse the offer〕

_____

(3) その子どもを川から助けるとは父は勇敢だった。〔it, brave, save 〜 from〕

_____

(4) 私たちのクラスは試合に勝つために一生懸命練習した。〔win the game〕

_____

(5) 私たちは彼らの結婚のニュースを聞いて驚いた。〔we, the news of their marriage〕

_____

Lesson 6　不定詞（2）

I　原形不定詞（知覚動詞）

A I **saw** *a cat* **cross** the street quickly.　 M 223

1匹のネコがすばやく通りを横切るのが見えた。

A see や hear のような知覚を表す**「知覚動詞」**は，目的語のあとに**原形不定詞**（to が付かない不定詞）を続けて〈S＋知覚動詞＋O＋原形不定詞〉という形をとる。「O が～するのを見る［聞く］」という意味で，O と原形不定詞の間には〈SV〉の関係が成り立つ。

> **プラス**　〈S＋知覚動詞＋O＋原形不定詞〉の形をとる主な知覚動詞
>
> feel（～を感じる），listen to（～を聞く），notice（～に気づく），observe（～を観察する），watch（～を注意してみる）など

II　原形不定詞（使役動詞）

B My mother **made** *me* **clean** my room.　 M 225

母は私に部屋を掃除させた。

B make, let, have は**「使役動詞」**と呼ばれ，〈S＋使役動詞＋O＋原形不定詞〉の形をとる。「O に～させる［～してもらう］」という意味で，O と原形不定詞の間には〈SV〉の関係が成り立つ。
使役動詞にはそれぞれ make「（強制的に）～させる」，let「（許可を与えて）～させてやる」，have「（役割上当然すべきことを指示して）～させる，～してもらう」という意味の違いがある。
cf. He **let** *his daughter* **go** abroad to study.（彼は娘を留学させてやった） M 226
I **had** *my secretary* **reserve** a flight to London.（私は秘書にロンドン行きの便を予約させた。）
M 227

III　不定詞のさまざまな形（完了，進行，受動態）

C He *seems* **to have been** sick. He looks thin and weak.　 M 231

彼は病気だったようだ。やせて弱っているように見える。

D She seems **to be studying** in her room.　 M 233

彼女は自分の部屋で勉強しているようです。

E No one likes **to be scolded** in front of other people.　 M 234

誰も他人の前ではしかられたくない。

C 〈to have＋過去分詞〉は完了形の不定詞で，文の述語動詞が示す時よりも以前の動作・状態を表す。「彼は（今より前に）具合が悪かったように（今）見える」ということ。

D **進行形の不定詞**〈to be＋現在分詞〉は，「～中であること」を表す。この文は「彼女は to be studying in her room（自分の部屋で勉強中である）ようだ」という意味。

E **受動態の不定詞**〈to be＋過去分詞〉は「～されること」を表す。この文は「誰も他人の前でto be scolded（しかられること）を好まない」という意味。

Ⅳ 疑問詞＋ to 不定詞

❻ I don't know **how to play** chess.　私はチェスの仕方を知りません。　　M 228

❻〈疑問詞＋ to 不定詞〉は名詞句として働き，〈疑問詞の意味＋〜すべきか〉という意味を表す。
　〈how ＋ to 不定詞〉は「どうやって〜するべきか，〜の仕方」という意味。

Ⅴ be ＋ to 不定詞

❼ The sports festival **is to be** held next Saturday.　　M 235
　体育祭は今度の土曜日に行われることになっている。

❼〈be ＋ to 不定詞〉は「予定」（〜することになっている），「義務」（〜すべきである），「可能」（〜できる），
　「運命」（〜する運命である），「意図」（〜するつもりである）を表す。
　❼は「今度の土曜日に行われることになっている」という「予定」を表している。

Ⅵ 慣用表現

❽ **To tell (you) the truth**, I didn't have a good time at the party.　　M 237
　本当のことを言うと，パーティーでは楽しくなかった。

❾ **In order to focus** on reading, I turned off the TV.　　M 241
　私は読書に集中するためにテレビを消した。

❿ This question is **too** *difficult* for me **to answer**.　　M 243
　この問題は難しすぎて私には解けない。

⓫ He was *tall* **enough to touch** the ceiling.　　M 244
　彼は天井に手が届くくらい背が高かった。

⓬ We **happened to see** each other in the park.　　M 246
　私たちはその公園でばったり会った。

⓭ How did you **come to know** him?　　M 247
　彼とはどうやって知り合ったのですか。

❽ to tell (you) the truth（本当のことを言うと）のように，文頭や文中で慣用的に使われる不定詞の表
　現を「独立不定詞」という。

> **プラス 主な独立不定詞**
> to be frank (with you)（率直に言うと），to be honest (with you)（率直に言うと），to sum up（要約す
> ると），not to mention 〜（〜は言うまでもなく），strange to say（不思議［奇妙］なことに），to make
> matters worse（さらに悪いことには），to begin with（まず第一に）

❾ in order to *do* や so as to *do* は**目的**の意味をはっきり伝える表現。
❿〈**too ＋形容詞 / 副詞＋ to *do***〉は「…するには〜すぎる」，「〜すぎて…できない」という意味。
⓫〈**形容詞 / 副詞＋ enough to *do***〉は「…できるほど十分に〜」という「程度」や，「十分に〜なので
　…できる」という「結果」を表す。
⓬ **happen to *do*** は「たまたま［偶然］〜する」という意味。
⓭ **come to *do*** は「〜するようになる」という意味。

1. 次の日本文の意味に合うように，（　）に入る適当な語（句）を①〜④から選びなさい。

(1) トンプソン夫妻は息子がオートバイに乗ることを許そうとはしなかった。

Mr. and Ms. Thompson wouldn't（　　　）their son ride a motorcycle.

① make　　　　② made　　　　③ let　　　　④ have

(2) 彼は数人の少年がその店に入るのを見た。

He saw some boys（　　　）the store.

① entered　　　② enter　　　③ have entered　　　④ to enter

(3) 私はそのニックネームで呼ばれる方が好きだ。

I prefer to（　　　）by my nickname.

① called　　　② be called　　　③ call　　　④ calling

(4) イヌはお店の外で待たせてください。

Please make your dog（　　　）outside the shop.

① wait　　　② to wait　　　③ being waited　　　④ waiting

(5) 老婦人はそのネコを長い間飼っていたようだ。

The elderly lady seems to（　　　）the cat for a long time.

① keep　　　② kept　　　③ be keeping　　　④ have kept

2. 次の日本文の意味に合うように，（　）に適当な語を入れなさい。

(1) ブラウン先生は私たちにその文を何度か繰り返させた。

Ms. Brown（　　　）（　　　）repeat the sentences several times.

(2) トムが部屋を出ていくのに気づきましたか。

Did you（　　　）Tom（　　　）out of the room?

(3) 少女は幼い子どものような扱いをされたくないと思っている。

The girl doesn't want（　　　）（　　　）（　　　）like a small child.

(4) ケンはすでにその映画を見たようだ。

Ken seems to（　　　）already（　　　）the movie.

3. 次の日本文の意味に合うように，（　）内の語（句）を並べ替えなさい。

(1) 私はパーティーに招かれたいと思っている。

(be / to / I / the party / hope / invited / to).

_____ .

(2) 彼女のイヌが吠えるのを私は聞いたことがない。

(heard / I / bark / have / her dog / never).

_____ .

4. 次の日本文の意味に合うように，（　　）に入る適当な語句を①～④から選びなさい。

(1) 私たちはお客さまが到着する前にこの部屋を掃除しなければならない。

We （　　　　） this room before the guests arrive.

① have been cleaning　② are to clean　　　③ must have cleaned　④ will clean

(2) 健康でいるために私たちは野菜をたくさん食べるべきだ。

We should eat plenty of vegetables （　　　　） stay healthy.

① so that　　　　② in order to　　　　③ much enough　　④ how to

(3) すてきなお土産をどこで見つければいいか教えてください。

Please tell me （　　　　） some nice souvenirs.

① where you found　② where I find　③ I can find　④ where to find

(4) 通りには誰も見つけることができなかった。

Not a person （　　　　） found on the street.

① was to be　　　② were to be　　　　③ are to be　　　④ there was not

(5) 少年はあまりに疲れてもう歩けなかった。

The boy was （　　　　） walk any more.

① enough to get tired　② very tired to　③ too tired to　④ so tired that

5. 次の日本文の意味に合うように，（　　）に適当な語を入れなさい。

(1) いつここに来たらいいのか教えてください。

Please tell me （　　　　　） （　　　　　） be here.

(2) お湯は紅茶をいれられるほど熱くはない。

The water isn't （　　　　） （　　　　） （　　　　） make tea.

(3) 私たちは実験室では白衣を着なくてはならない。

We are （　　　　） （　　　　） a white coat in the laboratory.

(4) あなたはどのようにして彼を好きになったのですか。

How did you （　　　　） （　　　　） （　　　　） him?

6. 次の日本文の意味に合うように，（　　）内の語（句）を並べ替えなさい。

(1) さらに悪いことに，雨が降り始めた。

(matters / to / worse / make), it began to rain.

_____, it began to rain.

(2) ジムは始発のバスに乗るために家を早く出た。

Jim left home early (order / catch / the first bus / in / to).

Jim left home early _____ _____.

1. 次の英文を日本語にしなさい。

   (1) Kate noticed her father come out of the shop.

   ケイトは父が _____ 。

   (2) She seems to be waiting for someone.

   彼女は誰かを _____ 。

   (3) Haruka doesn't like to be told to do something.

   ハルカは _____ のが好きではない。

   (4) Mr. Forest made his students keep diaries in English.

   フォレスト先生は生徒たちに _____ 。

   (5) Please let me know when you leave.

   帰る時は _____ 。

2. 次の日本文の意味に合うように，英文を完成させなさい。

   (1) ジムは姉が図書館に入っていくのを見た。

   Jim _____ into the library.

   (2) 私たちは足下の地面が動くのを感じた。

   We _____ under our feet.

   (3) あなたは彼女が歌うのを聞いたことがありますか。

   Have you ever _____ ?

   (4) 彼の冗談は私たちを笑わせた。

   His joke _____ .

   (5) 私は父が川でエビを数匹とるのをじっと見た。

   I _____ some shrimps in the river.

3. 次の日本文を〔　　〕内の語（句）を使って英語にしなさい。

   (1) 彼女は秘書に札幌への飛行機の予約をさせた。〔had, secretary reserve〕

   _____

   (2) 私は父が歌うのを一度も聞いたことがない。〔have never〕

   _____

   (3) 人々は長い間電車を待っているようだ。〔for a long time〕

   _____

   (4) このネコは私の腕に抱かれるのが好きではない。〔held in my arms〕

   _____

   (5) 先生は私たちに長い詩を覚えさせた。〔memorize, a long poem〕

   _____

4. 次の英文を日本語にしなさい。

(1) The students came to like their new classmates.

生徒たちは _____ 。

(2) The doctor told him when to take the medicine.

医者は彼に _____ を伝えた。

(3) The boy is not old enough to go to school.

その少年はまだ学校に _____ 。

(4) I happened to have a ticket for the show.

私はそのショーのチケットを _____ 。

(5) Kay is fluent in Spanish and French, to say nothing of English.

ケイは, _____ , スペイン語とフランス語が流暢だ。

5. 次の日本文の意味に合うように, 英文を完成させなさい。

(1) ケンは私にコピー機の使い方を教えてくれた。

Ken _____ the copy machine.

(2) カフェはあまりにも混んでいたので空席を見つけられなかった。

The café was _____ an empty seat.

(3) 学園祭は来週の土曜日と日曜日に行われることになっている。

The school festival _____ next Saturday and Sunday.

(4) 彼は二度とサリーに会うことのない運命だった。

He _____ Sally again.

(5) 今日の講義は私には難しすぎて理解できなかった。

Today's lecture _____ understand.

6. 次の日本文を〔   〕内の語 (句) を使って英語にしなさい。

(1) 私のいとこは今日 8 時に駅に着くことになっている。〔my cousin, is, the station〕

_____

(2) 来年海外留学するために彼はお金をためる必要がある。〔order, abroad, save some money〕

_____

(3) 私は電車の中で昔の友達にばったり会った。〔happened, old friend, on the train〕

_____

(4) 彼女は私の謝罪を受け入れるくらい寛大だった。〔generous, accept, apology〕

_____

(5) 率直に言うと, 彼は私の友達に対してとても無礼だった。〔frank, rude〕

_____

Lesson 7 動名詞

I 動名詞の文中での働き

Ⓐ **Learning** a foreign language is difficult. `M 248`

外国語を身につけることは難しい。

Ⓑ His job is **translating** business letters. `M 249`

彼の仕事はビジネスレターを翻訳することです。

Ⓒ She finished **reading** the thick book in just one day. `M 250`

彼女はその厚い本をたった1日で読み終えた。

Ⓓ Brush your teeth before **going** to bed. `M 251`

寝る前に歯を磨きなさい。

動名詞は〈動詞の原形＋ -ing〉の形で動詞と名詞の働きを兼ね，「～する［である］こと」という意味を表す。

Ⓐ 動名詞 Learning が a foreign language という目的語を伴い，文の主語になっている。

Ⓑ 動名詞句 translating business letters が文の補語になっている。

Ⓒ 動名詞句 reading the thick book が文の動詞 finished の目的語になっている。

Ⓓ 動名詞句 going to bed が前置詞 before の目的語になっている。

II 動名詞の意味上の主語と否定語の位置

Ⓔ I don't mind **his criticizing** me. `M 255`

彼が私を批判するのを私は何とも思わない。

Ⓕ **Not telling** a lie is sometimes very difficult. `M 257`

うそをつかないでいることは，時として非常に難しい。

動名詞の**意味上の主語**を示す場合がある。

Ⓔ 動名詞の意味上の主語は，代名詞の所有格や名詞を動名詞の直前に置いて示す。

(注) 意味上の主語として代名詞の目的格を置くこともある。

 cf. I don't mind **him criticizing** me.

Ⓕ 動名詞を否定するには not や never などの否定の副詞を動名詞の直前に置く。

III 動名詞の注意すべき形（完了形 / 受動態）

Ⓖ They are proud of **having won** the game. `M 269`

彼らはその試合に勝ったことを誇らしく思っている。

Ⓗ I didn't like **being treated** like a star at the party. `M 271`

私はパーティーでスターのように扱われるのが好きではなかった。

Ⓖ 動名詞が，述語動詞が示す時より以前に起きたことを表す場合，〈having＋過去分詞〉という完了形になる。

Ⓗ 受動態の動名詞は be を -ing 形にして〈being＋過去分詞〉の形になる。

IV 動名詞と不定詞のどちらかを目的語にする他動詞

Ⓘ I've just **finished cleaning** my room. `M 259`

私はちょうど部屋の掃除を終えたところだ。

Ⓙ I didn't **mean to hurt** her feelings by saying so. `M 261`

そんなことを言って彼女の心を傷つけるつもりはなかったのです。

Ⓘ 動名詞のみを目的語にとる主な動詞：avoid（避ける），consider（よく考える），enjoy（楽しむ），finish（終える），imagine（想像する），mind（いやがる），miss（～しそこなう），practice（練習する），stop（やめる）

Ⓙ to 不定詞のみを目的語にとる主な動詞：decide（決心する），expect（期待する），manage（どうにか～する），mean（～するつもりである），plan（～する計画である），pretend（～するふりをする）

V 目的語が動名詞と不定詞で意味が異なる他動詞

Ⓚ I **remember meeting** the woman in Tokyo. `M 263`

私はその女性と東京で会ったことを覚えている。

Ⓛ I have to **remember to meet** the woman in the afternoon. `M 264`

午後，忘れずにその女性に会わなければならない。

ⓀⓁ 〈remember＋動名詞〉は「～したことを覚えている」，〈remember＋to 不定詞〉は「忘れずにする，（これから）～することを覚えている」という意味。

このような動詞には他に〈forget＋動名詞〉（～したことを忘れる）と〈forget＋to 不定詞〉（（これから）～することを忘れる），〈try＋動名詞〉（試しに～してみる）と〈try＋to 不定詞〉（～しようと試みる［努力する］）などがある。

VI 目的語が動名詞でも不定詞でもほとんど意味が変わらない他動詞

Ⓜ He **began coughing**. `M 265`

彼はせき込み出した。

Ⓝ The baby **started to walk** before his first birthday. `M 266`

その赤ちゃんは1歳の誕生日の前に歩き出した。

ⓂⓃ begin や start の他，cease（やめる），continue（続ける），like（～するのが好きだ）などは目的語が動名詞でも不定詞でもほとんど意味が変わらない。

VII 慣用表現

Ⓞ I'm **looking forward to seeing** you. 君に会うのを楽しみにしている。 `M 272`

Ⓟ I **feel like going** for a walk. 散歩がしたい。 `M 274`

Ⓞⓟ 動名詞を使った重要表現は他に〈be used to＋動名詞〉（～することに慣れている），〈cannot help＋動名詞〉（～せざるをえない）などがある。

1. 次の日本文の意味に合うように，（　　　）に入る適当な語（句）を①〜④から選びなさい。

(1) 彼女は小さい子どもたちの世話をするのが好きだ。

She likes（　　　　　）care of small children.

① taken   ② taking   ③ being taken   ④ to be taken

(2) 私の趣味は花の写真を撮ることだ。

My hobby is（　　　　　）pictures of flowers.

① take   ② to taking   ③ taking   ④ to be taken

(3) 友達と英語で話すのは楽しい。

（　　　　　）with friends in English is fun.

① I talk   ② I am talking   ③ I like talking   ④ Talking

(4) 私たちは彼がその試験に合格したことにとても驚かされた。

We were very surprised by（　　　　　）the exam.

① his passing   ② he passed   ③ he is passing   ④ passing him

(5) 十分に睡眠をとらないせいで彼は病気になった。

He got sick because of（　　　　　）sleep.

① having enough   ② not having enough

③ having had enough   ④ having never had enough

2. 次の日本文の意味に合うように，（　　　）に適当な語を入れなさい。

(1) 彼女は作文を書くのが得意だ。

She is good（　　　　　）（　　　　　）essays.

(2) 母は運転中に話しかけられるのが好きではない。

My mother doesn't like（　　　　　）（　　　　　）to while she's driving.

(3) 彼女がその試合に勝つ見込みはない。

There is no chance of（　　　　　）（　　　　　）the game.

(4) 不満を言い過ぎないことが大事だ。

（　　　　　）（　　　　　）too much is important.

3. 次の日本文の意味に合うように，（　　　）内の語を並べ替えなさい。

(1) ケイトは海外に留学することに興味がある。

Kate（ abroad / interested / is / studying / in ）.

Kate _____.

(2) 食べ過ぎることは健康によくない。

（ much / eating / too / is / bad ）for your health.

_____ for your health.

4. 次の日本文の意味に合うように，（　　　）に入る適当な語（句）を①〜④から選びなさい。

(1) トムは今朝，イヌの散歩をし忘れた。

Tom forgot（　　　）his dog this morning.

① walking　　　　② to walk　　　　③ walk　　　　④ walked

(2) ケンはカメラを買うことを決めた。

Ken decided（　　　）a camera.

① buying　　　　② to buy　　　　③ buy　　　　④ to be bought

(3) 私たちはタクシーに乗るのをやめた。

We gave up（　　　）a taxi.

① taking　　　　② to take　　　　③ being taken　　　　④ taken

(4) 私たちはこの夏，九州旅行をするつもりだ。

We are planning（　　　）around Kyushu this summer.

① traveling　　　　② to travel　　　　③ traveled　　　　④ travel

(5) 妹はよく泣いているふりをする。

My sister often pretends（　　　　）.

① crying　　　　② to cry　　　　③ cry　　　　④ cried

5. 次の日本文の意味に合うように，（　　）に適当な語を入れなさい。

(1) 弟は漫画を描こうとした。

My brother（　　　　）（　　　　）draw a comic.

(2) 市はその美術館を 2 年前に建設し始めた。

The city（　　　　）（　　　　）the museum two years ago.

(3) 彼らは暗くなってからもサッカーの練習を続けた。

They（　　　　）（　　　　）practice soccer even after dark.

(4) 彼女はちょうどジョンと話し終えたところだ。

She's just（　　　　）（　　　　）with John.

6. 次の日本文の意味に合うように，（　　）内の語（句）を並べ替えなさい。

(1) 彼はまたアフリカを訪れるのを楽しみにしている。

He's（ visiting / looking / to / forward / Africa ）again.

He's _____ again.

(2) 彼女の新しいアルバムは間違いなく聞く価値がある。

I'm sure（ her / listening to / album / worth / new / is ）.

I'm sure _____ .

56

1. 次の英文を日本語にしなさい。

(1) Speaking English is difficult for me.

_____は難しい。

(2) Tom finished writing his report.

トムは_____。

(3) I was sure of his winning first prize.

私は_____確信していた。

(4) Bob is fond of riding a bike.

ボブは自転車に_____。

(5) Do you mind my opening the window?

_____いいですか。

2. 次の日本文の意味に合うように，英文を完成させなさい。

(1) 見ることは信じることだ。(＝百聞は一見にしかず)

_____ believing.

(2) コンピュータ・ゲームをするのが好きではない友達もいる。

Some of my friends don't _____.

(3) 私たちは一緒に歌って楽しんだ。

We _____ together.

(4) 彼はパソコンおたくと呼ばれるのが大嫌いだ。

He hates _____ a computer nerd.

(5) 彼は山に登るのが好きだ。

He likes _____.

3. 次の日本文を〔　　〕内の語(句)を使って英語にしなさい。

(1) 彼に会うのを楽しみにしている。〔looking forward〕

_____

(2) 私はそのプロジェクトを自分がやり終えることを誇らしく思っている。〔proud, completing〕

_____

(3) 私は人の名前を覚えるのが得意だ。〔good, remembering〕

_____

(4) 私たちはケンがスピーチをするのに興味がある。〔interested, giving〕

_____

(5) 本当のことを言わないのは失礼だ。〔not, the truth, rude〕

_____

4. 次の英文を日本語にしなさい。

(1) I remember visiting the park last year.

私は昨年, ＿＿＿＿＿＿＿＿＿＿＿＿＿＿＿＿＿＿＿＿＿＿＿＿＿＿＿＿＿＿＿＿＿＿＿。

(2) Remember to finish writing the essay during summer vacation.

夏休みの間に ＿＿＿＿＿＿＿＿＿＿＿＿＿＿＿＿＿＿＿＿＿＿＿＿＿＿＿＿＿＿＿＿。

(3) Bob likes talking about anime and manga.

ボブはアニメや漫画について ＿＿＿＿＿＿＿＿＿＿＿＿＿＿＿＿＿＿＿＿＿＿＿＿＿。

(4) Takashi's brother is used to driving a truck.

タカシの兄はトラックを ＿＿＿＿＿＿＿＿＿＿＿＿＿＿＿＿＿＿＿＿＿＿＿＿＿＿＿。

(5) I tried working part-time at the supermarket, but I soon quit.

私はスーパーで ＿＿＿＿＿＿＿＿＿＿＿＿＿＿＿＿＿＿＿＿＿＿＿＿, すぐにやめた。

5. 次の日本文の意味に合うように, 英文を完成させなさい。

(1) 彼は私に先月会ったのを忘れていた。

He ＿＿＿＿＿＿＿＿＿＿＿＿＿＿＿＿＿＿ last month.

(2) ケンは英語で話すことに慣れている。

Ken is ＿＿＿＿＿＿＿＿＿＿＿＿＿＿＿.

(3) レポートは書き終わりましたか。

Have you ＿＿＿＿＿＿＿＿＿＿＿＿＿＿＿＿＿ your report?

(4) 私は午後買い物に行きたい。

I feel ＿＿＿＿＿＿＿＿＿＿＿＿＿＿＿＿ this afternoon.

(5) ジムは質問に答えようとしたが, できなかった。

Jim ＿＿＿＿＿＿＿＿＿＿＿＿＿＿＿＿ the questions, but couldn't.

6. 次の日本文を〔　　〕内の語(句)を使って英語にしなさい。

(1) ドアを閉めるのを忘れるな。〔don't, close〕

＿＿＿＿＿＿＿＿＿＿＿＿＿＿＿＿＿＿＿＿＿＿＿＿＿＿＿＿＿＿＿＿＿＿＿＿＿＿

(2) あなたを傷つけるつもりはなかった。〔mean, hurt〕

＿＿＿＿＿＿＿＿＿＿＿＿＿＿＿＿＿＿＿＿＿＿＿＿＿＿＿＿＿＿＿＿＿＿＿＿＿＿

(3) 少年たちは話をするために立ち止まった。〔talk, each other〕

＿＿＿＿＿＿＿＿＿＿＿＿＿＿＿＿＿＿＿＿＿＿＿＿＿＿＿＿＿＿＿＿＿＿＿＿＿＿

(4) 少年たちは話をするのをやめた。〔talk, each other〕

＿＿＿＿＿＿＿＿＿＿＿＿＿＿＿＿＿＿＿＿＿＿＿＿＿＿＿＿＿＿＿＿＿＿＿＿＿＿

(5) これらの本は読む価値がある。〔worth〕

＿＿＿＿＿＿＿＿＿＿＿＿＿＿＿＿＿＿＿＿＿＿＿＿＿＿＿＿＿＿＿＿＿＿＿＿＿＿

Lesson 8 | 分詞 (1)

Ⅰ 限定用法（名詞を前から修飾する場合）

Ⓐ The number of **working** mothers increased rapidly in the 1980s. 〔M 276〕

働く母親の数は 1980 年代に急激に増加した。

Ⓑ The dog went into the house through the **broken** window. 〔M 277〕

イヌは割れた窓から家に入った。

分詞には現在分詞と過去分詞がある。分詞には，形容詞のような働きをして，名詞を直接修飾する用法（**限定用法**）がある。
Ⓐ 現在分詞 working が mothers を修飾する形容詞の働きをしている。
Ⓑ 過去分詞 broken が window を修飾する形容詞の働きをしている。

Ⅱ 限定用法（名詞を後ろから修飾する場合）

Ⓒ The person **leaving** the room last has to turn off the heater. 〔M 278〕

部屋を最後に出る人はストーブを消して行かなければならない。

Ⓓ The boy **left** alone in the house felt very lonely. 〔M 279〕

家に 1 人で残された少年はとても寂しく思った。

分詞が目的語や補語，副詞などを伴って名詞の後ろから修飾（**後置修飾**）する場合がある。
Ⓒ leaving the room last という現在分詞句が The person を後ろから修飾している。
Ⓓ left alone in the house という過去分詞句が The boy を後ろから修飾している。

Ⅲ 叙述用法

Ⓔ She **kept talking** for half an hour. 〔M 282〕
彼女は 30 分間話し続けた。

Ⓕ The grandmother **sat surrounded** by her grandchildren. 〔M 283〕
おばあさんは孫たちに囲まれて座っていた。

分詞には，文の補語になる用法（**叙述用法**）がある。
Ⓔ keep に現在分詞が続くと「〜し続ける」という意味を表す。
Ⓕ sit のあとの分詞は「〜しながら，〜されながら」という主語の様子や状態を説明している。

> **プラス** 分詞を **SVC** の補語に従える主な自動詞
> be（〜である），feel（〜の感じがする），look（〜に見える），remain（〜のままである），seem（〜のように見える）
> John **looked puzzled**.（ジョンは当惑した顔をした。）
> **「〜しながら」「〜されながら」という意味の分詞を後ろに従える主な動詞**
> come（〜しながら来る，〜になる），lie（〜の状態にある），stand（〜である，〜の状態で立っている）
> The boy **came running** to his mother.（その少年は母親の方へ駆けてきた。）

Ⅳ　keep/leave ＋ O ＋分詞

Ⓖ He **kept** *me* **waiting** for an hour.　　　M 285

彼は私を 1 時間待たせた。

Ⓗ He **left** *his house* **unlocked**.　　　M 286

彼は家のかぎをかけないまま出て行ってしまった。

叙述用法の分詞は文の補語になるので，**SVC** だけでなく，**SVOC** の文型でも用いられる。

Ⓖ 〈keep ＋ O ＋ C〉で「O を (意図的に) C にしておく」という意味を表す。

Ⓗ 〈leave ＋ O ＋ C〉で「O を (意図せずに) C のままにしておく」という意味を表す。

Ⅴ　have/get ＋ O ＋過去分詞

Ⓘ She **had [got]** *the roof* **repaired** yesterday.　　　M 289

彼女は昨日屋根を修理してもらった。

Ⓙ He **had** *his wallet* **stolen** on a crowded train.　　　M 290

彼は満員電車の中で財布を盗まれた。

Ⓘ 「屋根を修理してもらった」という**「使役」**の意味を表している。

Ⓙ 「財布を盗まれた」という**「受動」**の意味を表している。

（注） have/get のあとに〈O ＋現在分詞〉が続くこともある。

cf. We **have** *a car* **waiting** for you in front of the hotel. M 287

（ホテルの前に車を待たせています。）

After an hour, I finally **got** *my car* **running**. M 288

（1 時間後，やっと車を発進させた。）

Ⅵ　知覚動詞＋ O ＋分詞

Ⓚ I have never **seen** *my father* **cooking**.　　　M 291

私は父が料理をしているのを見たことがない。

Ⓛ I **heard** *my name* **called** from a distance.　　　M 292

遠くから自分の名前が呼ばれるのを聞いた。

see などの**「知覚動詞」**のあとに〈O ＋分詞〉が続くことがある。

Ⓚ 〈知覚動詞＋ O ＋現在分詞〉は「O が～しているのを見る [聞く，感じる]」などの意味を表す。

Ⓛ 〈知覚動詞＋ O ＋過去分詞〉は「O が～されるのを見る [聞く，感じる]」などの意味を表す。

1. 次の日本文の意味に合うように，（　　　）に入る適当な語（句）を①〜④から選びなさい。

(1) 盗まれた自転車を見つけるのに 10 日かかった。

It took 10 days to find the（　　　）bicycle.

① steal　　　　　　② stolen　　　　　　③ stealing　　　　　　④ to steal

(2) その眠っているネコを起こすな。

Don't wake up that（　　　）cat.

① sleep　　　　　　② slept　　　　　　③ sleeping　　　　　　④ to sleep

(3) この話は母親を待っている少年に関するものだ。

This story is about a boy（　　　）for his mother.

① waits　　　　　　② waiting　　　　　　③ to wait　　　　　　④ is waiting

(4) 彼女は同じことを言い続けた。

She（　　　）the same thing.

① says　　　　　　② is saying　　　　　　③ keeps saying　　　　　　④ kept saying

(5) ジムはクイズ番組を見ながら座っていた。

Jim sat（　　　）a quiz program.

① watch　　　　　　② watching　　　　　　③ watched　　　　　　④ to watch

2. 次の日本文の意味に合うように，（　　　）に適当な語を入れなさい。

(1) 空港に近づいている便はシカゴからのだ。

The flight（　　　　　　）the airport is from Chicago.

(2) ここで働いている人は全員女性だ。

All of the people（　　　　　　）here are women.

(3) 少女たちは午前中ずっとサッカーを練習し続けた。

The girls kept（　　　　　　）soccer all morning.

(4) この書店ではさまざまな古本を売っている。

They sell a variety of（　　　　　　）books in this bookstore.

3. 次の日本文の意味に合うように，（　　　）内の語を並べ替えなさい。

(1) その知らせを聞いた時，私は困惑した。

（I / I / heard / embarrassed / when / felt）the news.

_____ the news.

(2) 彼女が私に質問をし続けたので，私は疲れた。

I was tired because（asking / me / questions / kept / she）.

I was tired because _____ .

4. 次の日本文の意味に合うように，（　　）に入る適当な語（句）を①〜④から選びなさい。

(1) お待たせしていてすみません。

I'm sorry to keep you （　　　　）.

① wait   ② waited   ③ to wait   ④ waiting

(2) 料理中，母は台所のドアを閉めたままにしていた。

My mother kept the kitchen door （　　　　） while she cooked.

① close   ② closed   ③ to close   ④ closing

(3) 口語英語では，この単語はめったに使われない。

In （　　　　） English this word is rarely used.

① speak   ② spoken   ③ to speak   ④ speaking

(4) トムは注文品を日曜日に配達してもらうことにした。

Tom decided to have his orders （　　　　） on Sunday.

① deliver   ② to deliver   ③ delivered   ④ delivering

(5) サリーはイヌが居間で遊ぶのを放っておいた。

Sally left her dog （　　　　） in the living room.

① playing   ② played   ③ to play   ④ play

5. 次の日本文の意味に合うように，（　　）に適当な語を入れなさい。

(1) ジョンは昨日，電車でスマートフォンを盗まれた。

John had his smartphone （　　　　　　） on the train yesterday.

(2) キャシーは放課後，数人の生徒がテニスをしているのを見た。

Cathy saw some students （　　　　　　） tennis after school.

(3) 私は髪をとても短く切ってもらった。

I got my hair （　　　　　　） very short.

(4) 私はゾウが寝ているところ見たい。

I want to see an elephant （　　　　　　）.

6. 次の日本文の意味に合うように，（　　）内の語（句）を並べ替えなさい。

(1) 私は数人の子どもたちが男性にしかられているのを見た。

I （ some children / a man / saw / scolded / by ）.

I _____.

(2) 私は汗が顔を流れ落ちるのを感じた。

I （ sweat / my face / running / felt / down ）.

I _____.

1. 次の英文を日本語にしなさい。

    (1) Do you know the name of the birds singing in that tree?

    あなたはあの木で＿＿＿＿＿＿＿＿＿＿＿＿＿＿＿＿＿＿＿＿を知っていますか。

    (2) The girl dressed in white is Yumi.

    ＿＿＿＿＿＿＿＿＿＿＿＿＿＿＿＿＿＿＿＿＿＿＿＿＿＿＿はユミだ。

    (3) Jessica sat thinking about her plans for the weekend.

    ジェシカは週末の予定＿＿＿＿＿＿＿＿＿＿＿＿＿＿＿＿＿＿＿＿。

    (4) I want to stay in a room facing the ocean.

    私は＿＿＿＿＿＿＿＿＿＿＿＿＿＿＿＿＿＿＿＿にとまりたい。

    (5) She sat surrounded by her dogs.

    彼女は＿＿＿＿＿＿＿＿＿＿＿＿＿＿＿＿＿＿＿＿座っていた。

2. 次の日本文の意味に合うように，英文を完成させなさい。

    (1) この地域で育てられる桃は高価だ。

    The ＿＿＿＿＿＿＿＿＿＿＿＿＿＿ in this area are expensive.

    (2) 興奮したフットボールファンはよく問題を起こす。

    ＿＿＿＿＿＿＿＿＿＿＿＿＿＿ often cause problems.

    (3) ヨーロッパには，壁に囲まれたままの都市がある。

    Some cities in Europe ＿＿＿＿＿＿＿＿＿＿＿＿＿ by walls.

    (4) 私たちはスーパームーンを見ながら立っていた。

    We ＿＿＿＿＿＿＿＿＿＿＿＿＿ the super moon.

    (5) これは 20 世紀に発見された生き物のリストだ。

    This is a list of ＿＿＿＿＿＿＿＿＿＿＿＿＿ in 20th century.

3. 次の日本文を〔 〕内の語 (句) を使って英語にしなさい。

    (1) 卵を沸騰しているお湯の中に入れなさい。〔put, the eggs〕

    ＿＿＿＿＿＿＿＿＿＿＿＿＿＿＿＿＿＿＿＿＿＿＿＿＿＿＿＿＿

    (2) そこで大声で笑っている男の子は私のおいだ。〔loudly, there, nephew〕

    ＿＿＿＿＿＿＿＿＿＿＿＿＿＿＿＿＿＿＿＿＿＿＿＿＿＿＿＿＿

    (3) 1 頭のゾウが傷ついたまま横たわっていた。〔lay, wounded〕

    ＿＿＿＿＿＿＿＿＿＿＿＿＿＿＿＿＿＿＿＿＿＿＿＿＿＿＿＿＿

    (4) 私は時々他の人たちによる重圧を感じることがある。〔sometimes, pressured, others〕

    ＿＿＿＿＿＿＿＿＿＿＿＿＿＿＿＿＿＿＿＿＿＿＿＿＿＿＿＿＿

4. 次の英文を日本語にしなさい。

(1) We saw Haruka practicing judo.
私たちはハルカが_____。

(2) Can you hear something like an alarm ringing?
アラームのようなものが_____。

(3) The accident made it impossible to keep the factory operating.
その事故のせいで_____ことができなくなった。

(4) I must get my teeth checked soon.
私はすぐに_____。

(5) Mrs. Green likes to listen to her daughter playing the piano.
グリーンさんは_____のが好きだ。

5. 次の日本文の意味に合うように，英文を完成させなさい。

(1) メアリーは誰かがドアをノックしているのを聞いた。
Mary _____ on the door.

(2) 私たちは数人の男の子たちが音楽に合わせて踊っているのを見た。
We _____ to music.

(3) 私はよく近所でその男の子が自転車に乗っているのを見かける。
I often _____ a bike in my neighborhood.

(4) 私はタクシーをホテルの前で待たせておいた。
I had _____ in front of the hotel.

(5) 私はこの写真を町の中心地にある写真スタジオで撮ってもらった。
I _____ at a photo studio downtown.

6. 次の日本文を〔　　　〕内の語（句）を使って英語にしなさい。

(1) 弟は昨日，帽子を盗まれた。〔had, cap, stolen〕

_____

(2) 何かが燃えているにおいがした。〔burning〕

_____

(3) 私たちは家を専門家に掃除してもらった。〔had, by professionals〕

_____

(4) 彼は私をドアのそばに立たせておいた。〔kept, standing, by〕

_____

(5) 私は飛行機が空を横切って飛んでいるのを見ていた。〔watching, across the sky〕

_____

Lesson 9 | 分詞（2）

Ⅰ 分詞構文の形と働き

Ⓐ The man stood up, **holding** the bag. 〔M 294〕

男はかばんを持って立ち上がった。

Ⓑ **Filled** with terror, Ann stood still there for a moment. 〔M 296〕

アンは恐怖でいっぱいになって，その場でしばらくじっと立ち尽くした。

Ⓐ 文中で副詞的に働いて，情報を加える働きをする分詞句を**分詞構文**と言う。分詞構文の意味上の主語は，主節の主語になる。

Ⓑ 過去分詞から始まる分詞構文は，もともと文頭にあった being が省略された形と考える。

Ⅱ 分詞構文が表す意味

Ⓒ The queen went down the stairs, **waving her hand**. 〔M 297〕

女王は手を振りながら，階段を降りていった。

Ⓓ **Looking** out of the window, he saw some birds flying in the sky. 〔M 298〕

窓の外を眺めると，彼には何羽かの鳥が空を飛んでいるのが見えた。

Ⓔ The train left Nagaoka at seven, **arriving** at Niigata at around eight. 〔M 299〕

その電車は長岡を 7 時に出て，8 時くらいに新潟に着いた。

Ⓕ **Feeling** very tired, the traveler sat down in the shade to have a rest. 〔M 300〕

とても疲れを感じたので，旅人は休もうと日陰に座った。

分詞構文は「…しながら（付帯状況）」，「…すると，…している時に（時）」，「～して，そして…（連続した動作）」，「…なので（理由）」の意味を表す。

Ⓒ ある動作と同時に別のことを行っている「付帯状況」を表している。

Ⓓ 「窓の外を眺めると」という「時」を表している。

Ⓔ 主節に続けて「連続した動作」を表している。

Ⓕ 「とても疲れを感じたので」という「理由」を表している。

Ⅲ 否定語の位置

Ⓖ **Not knowing** what to do, he remained silent. 〔M 301〕

どうしていいかわからなくて彼は黙っていた。

Ⓖ 否定形の分詞構文は，否定語が分詞の前に来て〈**not/never ＋分詞**〉の形になる。Not knowing what to do で，「どうしていいかわからなくて」という意味を表す。

Ⅳ 完了形の分詞構文

❿ Having finished all her duties, Florence went back to her country. ▣ 302

すべての任務を終え，フローレンスは帰国した。

❿ 分詞構文の表す時が，主節の表す時よりも以前の事柄であることを明確に表す場合，**完了形の分詞構文**〈having＋過去分詞〉を使う。

Ⅴ 独立分詞構文

❶ Dinner being ready, the guests were invited into the dining room. ▣ 304

食事の準備ができたので，客たちは食堂に招き入れられた。

❷ Generally speaking, young people are flexible in their thinking. ▣ 305

一般的に言って，若者は考え方が柔軟だ。

❶ 分詞構文の意味上の主語と主節の主語が一致しない場合，分詞の直前にその分詞の意味上の主語を置く。このような分詞構文を「**独立分詞構文**」と言う。

❷ 独立分詞構文には，文の主語と異なるのに分詞の意味上の主語を示さずに慣用的に用いられるものもある。

> **プラス 主な独立分詞構文**
>
> frankly speaking（率直に言えば），generally speaking（一般的に言って），judging from [by] 〜（〜から判断すれば），speaking [talking] of 〜（〜と言えば），strictly speaking（厳密に言えば），taking 〜 into consideration（〜を考慮に入れると）

Ⅵ 付帯状況を表す 〈with ＋ O ＋分詞〉

❸ Don't leave the car with the engine **running**. ▣ 307

エンジンをかけたまま車から離れないでください。

❹ She sat listening to me with her legs **crossed**. ▣ 308

彼女は座ったまま脚を組んで，私の言うことを聞いていた。

❸ 〈with＋O＋現在分詞〉は「Oが〜している状態で」という意味を表す。

❹ 〈with＋O＋過去分詞〉は「Oが〜されている状態で」という意味を表す。

Ⅶ 分詞を使った慣用表現

❺ She is busy cooking dinner. ▣ 310

彼女は夕食の支度で忙しい。

❺ 〈be 動詞＋busy＋現在分詞〉は「〜するのに忙しい」という意味を表す。

> **プラス 分詞を使った表現**
>
> 〈spend ＋ O ＋現在分詞〉（〜して時間を過ごす，〜してお金を費やす），〈have trouble ＋現在分詞〉（〜するのに苦労する），〈have difficulty ＋現在分詞〉（〜するのが難しい）

1 次の日本文の意味に合うように，（　　）に入る適当な語（句）を①〜④から選びなさい。

(1) 私は音楽を聞きながらソファに横になっていた。

I was lying on the sofa, （　　　　） to music.

① listen   ② to listen   ③ listened   ④ listening

(2) それは遠くから聞くと，クマがうなっているように聞こえる。

（　　　　） from far away, it sounds like a bear growling.

① Hear   ② To hear   ③ Heard   ④ Hearing

(3) その木はこの角度から見ると，ロケットのように見える。

（　　　　） from this angle, the tree looks like a rocket.

① See   ② To see   ③ Seen   ④ Seeing

(4) 母は新聞を読みながら何か独り言を言っていた。

My mother was saying something to herself, （　　　　） the newspaper.

① read   ② to read   ③ been read   ④ reading

(5) サリーはその結果にあまりにショックを受けて，気を失った。

（　　　　） at the results, Sally fainted.

① Be too shocked   ② Shocking too   ③ Too shocked   ④ Too shocking

2. 次の日本文の意味に合うように，（　　）に適当な語を入れなさい。

(1) 彼女はラジオをつけると，ソファに座った。

（　　　　　　） on the radio, she sat on the sofa.

(2) 私は十分な時間がなかったので，タクシーを呼んだ。

（　　　　　）（　　　　　　） enough time, I called a taxi.

(3) 彼は上着を着ていなかったので，風邪を引くだろうと心配に思った。

（　　　　　）（　　　　　　） a jacket, he was afraid he would catch a cold.

(4) 彼女はスピーチが心配で，一睡もできなかった。

（　　　　　　） about her speech, she couldn't get a wink of sleep.

3. 次の日本文の意味に合うように，（　　）内の語（句）を並べ替えなさい。

(1) ケイトはローストビーフの作り方がわからなかったので，料理のウェブサイトを見た。

(cook / to / knowing / not / how / roast beef), Kate looked at a cooking website.

_____, Kate looked at a cooking website.

(2) ベスはその俳優を見てとても興奮していたので，本を落としたことに気づかなかった。

(so / excited / the actor / to see / feeling), Beth didn't notice she had dropped the book.

_____, Beth didn't notice she had dropped the book.

4. 次の日本文の意味に合うように，（　　　）に入る適当な語（句）を①～④から選びなさい。

(1) トムはカギをなくしたので，公園までバスで行った。

（　　　　）his bike key, Tom went to the park by bus.

① Having lost　　　② To lose　　　③ Losing of　　　④ Have lost

(2) 母は疲れていたので，ジムが洗濯をした。

His mother（　　　　），Jim did the laundry.

① tiring　　　② tiredness　　　③ being tired　　　④ was tired

(3) 私はその単語の発音の仕方がわからなかったので，グリーン先生に尋ねた。

（　　　　）how to pronounce the word, I asked Mr. Green.

① Knowing　　　② Not knowing　　　③ Didn't know　　　④ I didn't know

(4) 厳密に言うと，選択肢はどれも不正解だ。

（　　　　），no choice is correct.

① Generally speaking　② Strictly speaking　③ Considering　④ Frankly speaking

(5) 私は夏休みを柔道の練習に費やした。

I spent my summer vacation（　　　　）judo.

① practice　　　② practicing　　　③ to practice　　　④ practiced

5. 次の日本文の意味に合うように，（　　）に適当な語を入れなさい。

(1) 私は大盛りのランチを食べていたので，全然おなかがすいていなかった。

（　　　　）（　　　　）a big lunch, I wasn't hungry at all.

(2) 昨日は私の誕生日だったので，母が特別な食事を用意してくれた。

It（　　　　）my birthday yesterday, my mother prepared a special meal.

(3) 私たちは試合に負けたので，みんな自分自身にがっかりしていた。

（　　　　）（　　　　）the game, we were all disappointed with ourselves.

(4) 動物と言えば，先週，保護施設からかわいいネコをもらったんだ。

（　　　　）（　　　　）animals, I got a cute cat from the shelter last week.

6. 次の日本文の意味に合うように，（　　）内の語（句）を並べ替えなさい。

(1) その大きさと形から判断すると，あなたはフェレットを見たのかもしれない。

(and / from / judging / shape / the size), you might have seen a ferret.

_____, you might have seen a ferret.

(2) スージーは何回も京都を訪れたことがあったので，別の都市に行きたかった。

(times / having / many / Kyoto / visited), Susie wanted to go to a different city.

_____, Susie wanted to go to a different city.

1. 次の英文を日本語にしなさい。

   (1) Not having enough money, Jim was unable to see the film.
   ジム は ＿＿＿＿＿＿＿＿＿＿＿＿＿＿＿＿＿＿＿＿＿＿＿＿ ，その映画を見られなかった。

   (2) Walking on the street, Yuki wrote an e-mail to a friend.
   ユキ は ＿＿＿＿＿＿＿＿＿＿＿＿＿＿＿＿＿＿＿＿＿＿ ，友人にメールを書いた。

   (3) Not being tired last night, my father went jogging after dinner.
   父 は ＿＿＿＿＿＿＿＿＿＿＿＿＿＿＿＿＿＿＿ ，夕食のあとにジョギングをしに行った。

   (4) Written in simple French, the message was translated into English correctly.
   そのメッセージ は ＿＿＿＿＿＿＿＿＿＿＿＿＿＿＿＿＿＿ ，正確に英語に訳された。

   (5) Looking out the window, I thought about my future.
   私 は ＿＿＿＿＿＿＿＿＿＿＿＿＿＿＿＿＿＿＿＿＿＿ ，自分の将来について考えた。

2. 次の日本文の意味に合うように，分詞構文を使って英文を完成させなさい。

   (1) 女性は空港に着くと，銀行に行っていくらか両替した。
   ＿＿＿＿＿＿＿＿＿＿＿＿＿＿＿＿＿＿＿ , the woman went to a bank and exchanged some money.

   (2) 私は強い眠気を感じたので，自分用に濃いコーヒーをいれた。
   ＿＿＿＿＿＿＿＿＿＿＿＿＿＿＿＿＿＿＿ , I made some strong coffee for myself.

   (3) 私は駅で父を待っていると，空腹になった。
   ＿＿＿＿＿＿＿＿＿＿＿＿＿＿＿＿＿ at the station, I got hungry.

   (4) 私は何もすることがなかったので，1 日中昔の DVD を見た。
   Not ＿＿＿＿＿＿＿＿＿＿＿＿＿＿＿＿＿ to do, I watched old DVDs all day.

   (5) 私は真実を知らなかったので，その件について何も言わなかった。
   ＿＿＿＿＿＿＿＿＿＿＿＿＿＿＿＿＿＿＿ , I didn't comment on the matter.

3. 次の日本文を〔　　〕内の語 (句) を使って英語にしなさい。

   (1) 彼はコンピュータを消すと，目を閉じた。〔turning, his computer〕
   _____

   (2) 夕食を作っていると，彼女に良い考えが浮かんだ。〔cooking, came up with〕
   _____

   (3) 彼女には時間が十分にあったので，レストランで昼食をとった。〔having, had〕
   _____

   (4) プールで泳いでいる時，誰かが私を呼ぶのが聞こえた。〔swimming, someone〕
   _____

   (5) あの建物はここから見ると，鉛筆のようだ。〔looks like〕
   _____

4. 次の英文を日本語にしなさい。

(1) John spent an hour playing the online game.

ジョンは_____。

(2) Sally had trouble finding a place to live in Paris.

サリーはパリで住む場所を_____。

(3) They are busy decorating the room for Christmas.

彼らはクリスマス用に_____。

(4) Having lived in Japan for several years, he was fluent in Japanese.

_____, 彼は日本語が流暢だった。

(5) The woman was working at the table with her son sitting beside her.

その女性は_____テーブルで仕事をしていた。

5. 次の日本文の意味に合うように，分詞構文を使って英文を完成させなさい。

(1) 彼女は年齢を考慮に入れると，そのプログラムに参加すべきではない。

_____ into consideration, she shouldn't join the program.

(2) 日曜日だったので，ほとんどの診療所は閉まっていた。

_____, most clinics were closed.

(3) 私は試験に合格したので，心配事が何もなかった。

_____ the exam, I had nothing to worry about.

(4) そのスーパーヒーローはいつも腕を組んで話をする。

The superhero always talks _____.

(5) 辞書と言えば，私は昨日電子辞書を買った。

_____ dictionaries, I bought an electronic one yesterday.

6. 次の日本文を〔　〕内の語（句）を使って英語にしなさい。

(1) 彼は一晩中勉強をしたので，とても疲れていた。〔having, all night, tired〕

_____

(2) マイクは母親の手伝いで忙しい。〔Mike〕

_____

(3) 少年たちは手を振りながら叫んだ。〔shouted, with, waving〕

_____

(4) あまりにも寒かったので，私は一日中家にいた。〔being, I, home〕

_____

(5) 一般的に言って，子どもたちにとって読書はとても大事だ。〔reading, children〕

_____

Lesson 10 比較

Ⅰ 比較変化

規則変化 (1)： -er; -est 型　cold－colder－coldest
規則変化 (2)： more; most 型　useful－morc useful－most useful
不規則変化：　good/well－better－best　　　　　bad/badly/ill－worse－worst
　　　　　　　many/much－more－most　　　　　little－less－least

比較する時の形容詞・副詞の変化を**比較変化**と呼び，**規則変化**と**不規則変化**がある。

Ⅱ 原級

A Mary is **as old as** Jane (is).　メリーはジェーンと同じくらいの年齢だ。　M 322

B He is **not as popular** with girls **as** I am.　彼は私ほど女の子に人気はない。　M 324

C This rope is **three times as long as** that one.　M 326
このロープはあのロープの 3 倍の長さがある。

A 〈as ＋形容詞／副詞の原級＋ as ～〉は 2 人 [2 つ] の人 [物] を比べて，「～と同じくらい…」という
意味を表す。

(注) 2 番目の as の後ろは会話などでは目的格がくることが多い。
→ Mike throws baseball **as fast as** *me*. (マイクは私と同じくらいの速さのボールを投げる。)

(注) 形容詞が名詞をともなう場合は〈as ＋形容詞＋名詞＋ as ～〉の形を使う。名詞が単数の可算名詞
の場合は，名詞の直前に冠詞がつく。
cf. I have **as many** comic books **as** John. (私はジョンと同じくらいの数のマンガを持っている。)

B 〈not as ＋形容詞／副詞の原級＋ as ～〉は「～と同じほど…ではない」という意味を表す。

C 〈X times as ＋形容詞／副詞の原形＋ as ～〉は「～の X 倍…だ」という意味。twice (2倍)，half (半
分)，one-third (3分の1) なども使われる。

Ⅲ 比較級

D I have **more** books **than** Tom.　私はトムよりも多くの本を持っている。　M 328

E Human beings are *much* **more intelligent than** animals.　M 330
人間は動物よりずっと知性がある。

F He is *two years* **older than** Jane.　彼はジェーンより 2 歳年上だ。　M 332

G His smartphone is **less expensive than** mine.　M 333
彼のスマートフォンは私のほど値段が高くない。

D 〈形容詞／副詞の比較級＋ than ～〉は 2 人 [2 つ] の人 [物] を比べて，「～より…」という程度に差
があることを表す。

E much は比較級を強調して「ずっと」という意味を表す。

F 〈差を表す数値＋比較級＋ than ～〉は「～より (数値) だけ…だ」という差を表す。

G 〈less ＋形容詞／副詞の原級＋ than ～〉は「～ほど…ではない」という意味を表す。

Ⅳ 最上級

❶ She is **the tallest of** them all.　彼女はみんなの中で一番背が高い。　M 335

❶ I wake up **earliest in** my family.　私は家族中で一番早く起きる。　M 336

❶ 〈the ＋形容詞の最上級〉で「最も〜」の意味を表す。「〜の中で」と表す場合は〈in ＋場所・集団など〉，〈of ＋ all や数詞をともなう語句〉で示す。

❶ 副詞の最上級にはふつう the がつかない。

Ⅴ 最上級を使う比較

❶ I am **the second tallest** boy in our class.　M 337
私はクラスの男子の中で 2 番目に背が高い。

❶ This is **the least difficult** question on the test.　M 338
これはテストで一番簡単な問題だ。

❶ *Star Wars* is **one of the most successful movies** in history.　M 339
『スターウォーズ』は歴史上最も成功した映画の 1 つである。

❶ This is *by far* **the best restaurant** in New York.　M 340
この店はニューヨークでずばぬけてよいレストランだ。

❶ 〈the ＋序数詞＋最上級＋名詞〉で「X 番目に〜な…」という意味を表す。

❶ 〈(the) least ＋形容詞／副詞の原級〉で「最も〜でない」という意味を表す。

❶ 〈one of the ＋形容詞の最上級＋複数名詞〉で「最も〜のうちの 1 人［1 つ］」という意味を表す。最上級のあとが複数名詞であることに注意。

❶ by far は「はるかに，ずっと」と最上級を強調する。by far は the の前に置かれる。

Ⅵ 原級・比較級を使って，最上級の意味を表す表現

❶ **No (other) student** in the class is **as tall as** Jim.　M 341
ジムほど背が高い生徒はクラスにいない。

❶ Jim is **taller than any other student** in the class.　M 343
ジムはクラスの他のどの生徒よりも背が高い。

❶ **Nothing** is **more precious than** our health.　M 344
健康より貴重なものはない。

❶ 〈no (other) A ... as ＋原級＋ as B〉で「(他の) どの A も B ほど〜ではない」という意味を表す。other のあとが単数形になることに注意。この other は省略されることが多い。

❶ 〈A ... 比較級＋ than any other B〉で「A は他のどの B よりも〜だ」という意味を表す。any other のあとが単数形になることに注意。

❶ 〈Nothing ... 比較級＋ than 〜〉で「〜よりも…なものはない」という意味を表す。人について述べる場合は nobody を主語にする。

Ⅶ 原級を使ったさまざまな表現

Ⓠ He received **as many as** *50* e-mails yesterday.　 M 345

彼は昨日 50 通もの E メールを受け取った。

Ⓡ John parked **as far as possible** from the road.　 M 346

ジョンは道路からできるだけ離れた所に車を停めた。

Ⓢ She is **not so much** an actress **as** a singer.　 M 348

彼女は女優というよりむしろ歌手だ。

Ⓠ 〈as many as ＋数詞〉は数が多いことを強調する表現で,「～もの数」という意味。量を強調する時は〈as much as ＋数詞〉となる。

Ⓡ 〈as ＋形容詞／副詞 ＋ as possible〉で「できるだけ～」という意味。〈as ＋形容詞／副詞 ＋ as S can〉と言うこともある。

　cf. He held the baby **as gently as** he **could**.

　　（彼はできるだけやさしくその赤ちゃんを抱いた。）　 M 347

Ⓢ 〈not so much A as B〉は「A というよりはむしろ B, A ではなくむしろ B」という意味を表す。

Ⅷ 比較級を使ったさまざまな表現

Ⓣ The noise became **louder and louder**.　 M 354

その騒音はますます大きくなった。

Ⓤ **The darker** it got, **the colder** it became.　 M 355

暗くなればなるほど寒くなった。

Ⓣ 〈比較級 ＋ and ＋比較級〉で「ますます～」という意味。

Ⓤ 〈the ＋比較級～ , the ＋比較級 ...〉は「～すればするほど, ますます…」という意味を表す。

> **プラス** **比較級を使ったその他の表現**
>
> 〈(all) the ＋比較級 ＋ for ... [because ...]〉（…なのでそれだけいっそう～だ）,〈no ＋比較級 ＋ than ～〉（少しも～ない, ～と同じくらいしか…ない）, A is no more B than C is D.（C が D でないように A は B ではない）など

Ⅸ 最上級を使ったさまざまな表現

Ⓥ I am **happiest** when I am with my family.　 M 371

私は家族といる時が最も幸せだ。

Ⓦ **The most careful person** sometimes makes careless mistakes.　 M 373

最も注意深い人でも不注意なミスをする場合がある。

Ⓥ 比較の対象が同一人物内の場合, 最上級に the はつかない。

　同一の物の中の違いを述べる場合も同じ。→ This lake is **deepest** here.（この湖はここが一番深い。）

　 M 372

Ⓦ 最上級を含むことばが主語の場合, even（～でさえ）の意味を含むことがある。

1. 次の日本文の意味に合うように，（　　　）に入る適当な語（句）を①～④から選びなさい。

(1) 父は私ほど背が高くない。

My father is （　　　　） as I am.

① as tall   ② not taller   ③ not tall   ④ not as tall

(2) 姉は母より早く起きる。

My sister gets up （　　　　） my mother.

① early   ② earlier   ③ as early as   ④ earlier than

(3) 彼の作文は私のよりずっとおもしろかった。

His essay was （　　　　） interesting than mine.

① less   ② much   ③ much more   ④ much less

(4) 先生のギターは私のより高い。

My teacher's guitar is （　　　　） than mine.

① expensive   ② more expensive   ③ less expensive   ④ much expensive

(5) 彼は君よりも上手にピアノを弾くことができる。

He can play the piano （　　　　） you.

① better than   ② as good as   ③ much better   ④ very good

2. 次の日本文の意味に合うように，（　　）に適当な語を入れなさい。

(1) 今日は昨日より暑かった。

It was （　　　　） today （　　　　） yesterday.

(2) この川はテムズ川の半分の長さだ。

This river is （　　　　） as （　　　　） （　　　　） the River Thames.

(3) この映画は前のよりもきっとおもしろくない。

I'm sure this movie is （　　　　） （　　　　） （　　　　） the last one.

(4) 私のネコは彼女のネコよりずっとかわいい。

My cat is （　　　　） （　　　　） than hers.

3. 次の日本文の意味に合うように，（　　）内の語（句）を並べ替えなさい。

(1) このテストは期末試験ほど重要ではない。

This test is (as / final exams / as / important / not / the).

This test is _____.

(2) 私の母は実際よりずっと若く見える。

My mother looks (is / younger / she / much / than / really).

My mother looks _____.

4. 次の日本文の意味に合うように，（　　）に入る適当な語（句）を①〜④から選びなさい。

(1) 彼ほど正直な男はその村にはいなかった。

（　　　）man in the village was as honest as him.

① Any   ② No   ③ Other   ④ Another

(2) サリーはクラブのどの生徒よりも一生懸命バレーボールを練習する。

Sally practices volleyball harder than（　　　）student in the club.

① any other   ② no other   ③ other   ④ another

(3) モナコは世界で 2 番目に小さい国だ。

Monaco is the（　　　）country in the world.

① two small   ② two smaller   ③ second smaller   ④ second smallest

(4) これはこの会議で最も重要ではない問題だ。

This is（　　　）issue in this meeting.

① more important   ② less important

③ the most important   ④ the least important

(5) トムよりも強い人はいない。

Nobody is（　　　）Tom.

① not as strong as   ② stronger than   ③ the strongest   ④ not stronger than

5. 次の日本文の意味に合うように，（　　）に適当な語を入れなさい。

(1) 北岳は日本で 2 番目に高い山です。

Kitadake is the（　　　　　）（　　　　　）mountain in Japan.

(2) 彼女は世界最高のテニス選手の一人です。

She is（　　　　　）of the best tennis（　　　　　）in the world.

(3) ジムは学校の中でずば抜けて頭がいい。

Jim is by（　　　　　）（　　　　　）smartest in our school.

(4) クラスでユキほど英語をうまく話せる女子はいない。

（　　　　　）（　　　　　）girl in the class can speak English as well as Yuki.

6. 次の日本文の意味に合うように，（　　）内の語を並べ替えなさい。

(1) 富士山は日本のどの山よりも高い。

Mount Fuji is（ mountain / other / Japan / than / higher / any / in ）.

Mount Fuji is _____.

(2) 東京ほど忙しい都市は日本にない。

（ busy / is / city / as / other / Japan / no / in ）as Tokyo.

_____ as Tokyo.

7. 次の日本文の意味に合うように，（　）に入る適当な語（句）を①〜④から選びなさい。

(1) できるだけ大声で話してください。

Please speak（　　　　）possible.

① loudly　　　　② as loudly as　　　　③ more loudly　　　　④ less loudly

(2) 風船は空中を高く上がっていった。

The balloon went（　　　　）in the air.

① as high as　　　　② highest　　　　③ the highest　　　　④ higher and higher

(3) 昨日は高知で最も風が強かった。

The wind was（　　　　）in Kochi yesterday.

① strong　　　　② stronger　　　　③ strongest　　　　④ as strong

(4) その女性は5匹ものネコを飼っている。

The old lady has（　　　　）five cats.

① many　　　　② as many as　　　　③ much　　　　④ as much as

(5) どんなに金持ちの人でも幸せを買うことはできない。

（　　　　）man cannot buy happiness.

① The rich　　　　② Richer　　　　③ The richest　　　　④ The poorest

8. 次の日本文の意味に合うように，（　）に適当な語を入れなさい。

(1) 人は普通，赤ちゃんのころが一番かわいく見える。

People usually look（　　　　）when they are babies.

(2) 読書をすればするほど，作文が上手になるだろう。

（　　　　）（　　　　）you read, the better you will become at writing.

(3) できるだけ早く電話をください。

Please call me as（　　　　）（　　　　）possible.

(4) このイヌはペットというよりは私の一番の親友だ。

This dog is（　　　　）（　　　　）（　　　　）a pet as my best friend.

9. 次の日本文の意味に合うように，（　）内の語（句）を並べ替えなさい。

(1) ますます多くの生徒がそのドラマに興味を持ちつつある。

(students / more / interested / more / and / becoming / are) in that drama.

_____ in that drama.

(2) 彼女は毎日20キロメートルも走っている。

She (as / 20 kilometers / runs / as / far) every day.

She _____ every day.

1. 次の英文を日本語にしなさい。

(1) Can you run as fast as Ken?

あなたは _____ 。

(2) This task is not as hard as the last one.

この課題は _____ 。

(3) I think my dog is smarter than his dog.

私のイヌは _____ と思う。

(4) My room is narrower than this room.

私の部屋は _____ 。

(5) Kyushu is twice as large as Shikoku.

九州は _____ 。

2. 次の日本文の意味に合うように，英文を完成させなさい。

(1) 彼のイヌは私のイヌの 3 倍の大きさだ。

His dog is _____ big as mine.

(2) 妹は私よりずっと注意深い。

My sister _____ than me.

(3) あなたの方がジョンより背が高いと思う。

I think _____ than John.

(4) 彼女の英語の点数は私のより悪かった。

Her English score _____ than mine.

(5) 彼は私よりサッカーがうまい。

He plays soccer _____ I.

3. 次の日本文を〔　　〕内の語（句）を使って英語にしなさい。

(1) 私の自転車は彼の自転車ほど値段が高くない。〔less〕

_____

(2) 妹は私と同じくらいたくさんの T シャツを持っている。〔T-shirts, I〕

_____

(3) あの絵はこの絵より美しい。〔beautiful, this one〕

_____

(4) 新しい建物は古いのより 10 倍頑丈だ。〔the new building, strong, the old one〕

_____

(5) 祖母は祖父より長生きした。〔lived〕

_____

4. 次の英文を日本語にしなさい。

(1) He is one of the most successful soccer players in history.

彼は ＿＿＿＿＿＿＿＿＿＿＿＿＿＿＿＿＿＿＿＿＿＿＿＿＿＿＿ 。

(2) Tokyo Tower is the second tallest building in Japan.

東京タワーは ＿＿＿＿＿＿＿＿＿＿＿＿＿＿＿＿＿＿＿＿＿＿ 。

(3) He is the least careful boy in the class.

彼はクラスで ＿＿＿＿＿＿＿＿＿＿＿＿＿＿＿＿＿＿＿＿＿＿ 。

(4) This is by far the best song.

これは ＿＿＿＿＿＿＿＿＿＿＿＿＿＿＿＿＿＿＿＿＿＿＿＿＿＿ 。

(5) Nothing is more important than this issue.

この問題 ＿＿＿＿＿＿＿＿＿＿＿＿＿＿＿＿＿＿＿＿＿＿＿＿＿ 。

5. 次の日本文の意味に合うように，英文を完成させなさい。

(1) クラスで一番速く走るのは誰ですか。

Who ＿＿＿＿＿＿＿＿＿＿＿＿＿＿＿ in our class?

(2) あなたは家族で一番早く起きますか。

Do you ＿＿＿＿＿＿＿＿＿＿＿＿＿＿＿ in your family?

(3) 私たちの中で一番背が高いのは誰ですか。

Who is the ＿＿＿＿＿＿＿＿＿＿＿＿＿＿ all?

(4) トムは学校の他のどの生徒よりも背が高いですか。

Is Tom taller ＿＿＿＿＿＿＿＿＿＿＿＿＿ in the school?

(5) 3人の中で一番よく働いたのは誰ですか。

Who worked ＿＿＿＿＿＿＿＿＿＿＿＿＿ ?

6. 次の日本文を〔　　〕内の語(句)を使って英語にしなさい。

(1) キャシーほど気さくな女子はクラスにいない。〔no other, friendly, as, Cathy〕

＿＿＿＿＿＿＿＿＿＿＿＿＿＿＿＿＿＿＿＿＿＿＿＿＿＿＿＿＿＿

(2) ここは市内でずば抜けてよい図書館だ。〔by, the best, the city〕

＿＿＿＿＿＿＿＿＿＿＿＿＿＿＿＿＿＿＿＿＿＿＿＿＿＿＿＿＿＿

(3) これは今年最も退屈な映画の1つだ。〔one, boring, this year〕

＿＿＿＿＿＿＿＿＿＿＿＿＿＿＿＿＿＿＿＿＿＿＿＿＿＿＿＿＿＿

(4) よい友人を持っていることほど重要なことはない。〔nothing, more, having good friends〕

＿＿＿＿＿＿＿＿＿＿＿＿＿＿＿＿＿＿＿＿＿＿＿＿＿＿＿＿＿＿

(5) 5冊の中でこの小説が一番おもしろくない。〔novel, least, the five〕

＿＿＿＿＿＿＿＿＿＿＿＿＿＿＿＿＿＿＿＿＿＿＿＿＿＿＿＿＿＿

7. 次の英文を日本語にしなさい。

(1) It is getting colder and colder each day.

　　毎日 _____ 。

(2) He is not so much a comedian as a writer.

　　彼は _____ 。

(3) My father seems happiest when he is planning for weekends.

　　私の父は週末の計画を立てている時が _____ 。

(4) You should read as many good books as possible.

　　あなたは _____ 。

(5) The more you learn, the more you will want to know.

　　学べば学ぶほど, _____ 。

8. 次の日本文の意味に合うように, 英文を完成させなさい。

(1) この喫茶店は正午頃が最も忙しい。

　　This café is _____.

(2) 100人もの客がそのパーティーに参加した。

　　_____ joined the party.

(3) アジア諸国からの旅行者数はますます増えている。

　　The number of tourists from Asian countries is _____.

(4) 私の弟はサッカーをしている時が一番幸せそうに見える。

　　My brother _____ he is playing soccer.

(5) 私はできるだけ急いで朝食を食べた。

　　I ate breakfast _____ I could.

9. 次の日本文を〔　　〕内の語 (句) を使って英語にしなさい。

(1) 私たちの町は2月が一番寒い。〔it, in our town〕

　　_____

(2) 私たちはテストのためにできるだけ一生懸命勉強するべきだ。〔hard, can〕

　　_____

(3) この池はあの橋のあたりが一番深い。〔this pond, around〕

　　_____

(4) 話せば話すほど, 私たちはお互いをよりよく理解した。〔more, better, each other〕

　　_____

(5) グレッグは礼儀正しいというよりむしろ静かだ。〔Greg, polite, quiet〕

　　_____

関係代名詞は名詞を説明する時に使う。関係代名詞節には**主格，所有格，目的格**がある。

◆ **関係代名詞の種類と格変化**

先行詞＼格	主格	所有格	目的格
人	who / that	whose	*who / that
人以外	that / which	whose	that / which
人と人以外	that		that

*先行詞（説明される名詞）が人の場合，堅い書きことばでは whom も使われる。

I **主格**

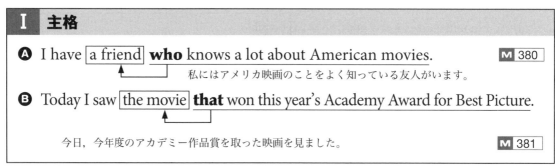

Ⓐ I have a friend **who** knows a lot about American movies. M 380
私にはアメリカ映画のことをよく知っている友人がいます。

Ⓑ Today I saw the movie **that** won this year's Academy Award for Best Picture.

今日，今年度のアカデミー作品賞を取った映画を見ました。 M 381

主格の関係代名詞は，関係詞節内で**主語の働き**をする。あとには動詞が続く。
Ⓐ 先行詞が「人」の場合 who を使うのがふつう。
Ⓑ 先行詞が「人以外」の場合 that を使う。which も可。

II **目的格**

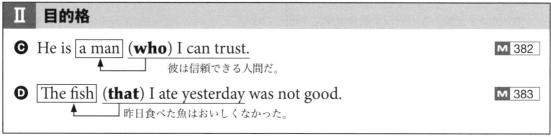

Ⓒ He is a man (**who**) I can trust. M 382
彼は信頼できる人間だ。

Ⓓ The fish (**that**) I ate yesterday was not good. M 383
昨日食べた魚はおいしくなかった。

目的格の関係代名詞は，関係詞節内で**動詞や前置詞の目的語の働き**をする。**省略される**ことが多い。
Ⓒ 先行詞が「人」の場合 who か that を用いる。堅い書きことばでは whom が使われる。
Ⓓ 先行詞が「人以外」の場合 that か which を用いる。

III **所有格**

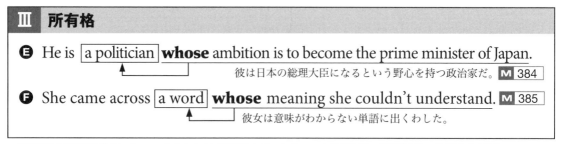

Ⓔ He is a politician **whose** ambition is to become the prime minister of Japan.
彼は日本の総理大臣になるという野心を持つ政治家だ。 M 384

Ⓕ She came across a word **whose** meaning she couldn't understand. M 385
彼女は意味がわからない単語に出くわした。

所有格の関係代名詞 whose のあとには名詞がくる。〈whose ＋名詞〉は，関係詞節の**主語または目的語の働き**をする。先行詞は「人」でも「人以外」でもよい。
Ⓔ whose ambition は関係詞節の中で主語の働きをしている。
Ⓕ whose meaning は関係詞節の中で目的語の働きをしている。

Ⅳ 関係代名詞と前置詞

G This is the house (**which**) she lived **in** when she was a child. | M 388

これは彼女が子供の頃に住んでいた家だ。

H He is a friend (**who**) I often play basketball **with**. | M 389

彼は私がよくバスケットボールをする友人だ。

関係代名詞が, 関係詞節内で**前置詞の目的語の働きをする**こともある。

G which は前置詞 in の目的語の働きをし, 直前の名詞 the house を修飾している。

H who が前置詞 with の目的語の働きをしている。やや堅い言い方では whom を用いる。

㊟ 関係代名詞が前置詞の目的語である場合, 前置詞が関係代名詞の直前に置かれることがある。この場合, 関係代名詞は省略できず, また who や that を使うこともできない。

→**G** This is the house **in which** she lived when she was a child.

Ⅴ what

I **What** is important now is to take action. | M 390

今大切なことは行動を起こすことだ。

J I can't believe **what** this magazine says. | M 391

この雑誌に書いてあることは信じられません。

K This is **what** I think. | M 392

これが私の考えだ。

what は**先行詞を含む関係代名詞**で,「〜すること［もの］」という意味を表す。what が導く節全体が名詞の働きをし, 文の主語, 補語, 目的語, 前置詞の目的語になる。

I What is important now（今大切なこと）全体が文の主語。

J what this magazine says（この雑誌に書いてあること）全体が文の目的語。

K what I think（私が考えること）全体が文の補語。

Ⅵ 関係代名詞の制限用法と非制限用法

L She has *a son* **who** works in the bank. | M 397

彼女にはその銀行に勤めている息子がいる。

M She has *a son*, **who** works in the bank. | M 398

彼女には息子が 1 人いて, 彼はその銀行に勤めている。

制限用法は複数の同類のものの中から特定のものを「絞り込む用法」。**非制限用法**は関係詞の前にコンマを置いて, 先行詞に情報を「つけ足す用法」である。that にこの用法はない。

L 制限用法。銀行に勤めている息子の他にも息子がいる可能性がある。

M 非制限用法。息子は 1 人しかいなくて, その息子は銀行に勤めている。

㊟ 固有名詞など 1 人［1 つ］しかないものは制限用法の先行詞にはならないが, 非制限用法では可能となる。

1. 次の日本文の意味に合うように，（　　　）に入る適当な語（句）を①〜④から選びなさい。

(1) 私はニューヨークから来た生徒を知っている。

I know a student（　　　）from New York.

① who is 　　　　② which is 　　　　③ whose 　　　　④ that

(2) 彼は父親が俳優の女性と結婚した。

He got married to a woman（　　　）father is an actor.

① who 　　　　② who is 　　　　③ that 　　　　④ whose

(3) 昨日私が焼いたケーキはとてもおいしかった。

The cake（　　　）baked yesterday was very good.

① I 　　　　② who I 　　　　③ whose 　　　　④ that is

(4) 彼が買いたかった自転車は売れてしまった。

The bicycle（　　　）he wanted to buy has been sold.

① who 　　　　② that 　　　　③ who was 　　　　④ that was

(5) 彼女はしっぽと同じくらい長い耳を持つイヌを飼っている。

She has a dog（　　　）ears are as long as its tail.

① who 　　　　② that 　　　　③ whose 　　　　④ which

2. 次の日本文の意味に合うように，（　　　）に適当な語を入れなさい。

(1) あなたが机の上にあるのを見かけた電子辞書は私のだ。

The electronic dictionary（　　　　　　）you saw on the desk is mine.

(2) 私はドアが緑色の家を探している。

I'm looking for a house（　　　　）（　　　　）（　　　　）green.

(3) 彼は私たちの高校を卒業したプロ野球選手だ。

He is a professional baseball player（　　　　）graduated from our high school.

(4) 5年前に買ったエアコンが故障中だ。

The air conditioner（　　　　）we（　　　　）five years ago doesn't work.

3. 次の日本文の意味に合うように，カッコ内の語（句）を並べ替えなさい。

(1) 私たちはみんな彼が私たちにした話は本当だと信じている。

We all believe that（ true / us / told / he / that / the story / is ）.

We all believe that _____.

(2) あなたはスピーチコンテストで1位になった女の子を知っていますか。

Do you know（ who / first place / girl / won / the ）in the speech contest?

Do you know _____ in the speech contest?

4. 次の日本文の意味に合うように，（　　）に入る適当な語（句）を①～④から選びなさい。

(1) 私はあなたが意図していることがわかる。

I know（　　　　）you mean.

① who　　　　　　② what　　　　　　③ that　　　　　　④ which

(2) これは彼が生まれた家だ。

This is the house（　　　　）he was born.

① which　　　　　② what　　　　　　③ in which　　　　④ in what

(3) あれは彼が座っていた椅子ですか。

Is that the chair（　　　　）he was sitting on?

① whose　　　　　② that　　　　　　③ who　　　　　　④ on which

(4) あそこでケンが話している女の子はサリーだ。

The girl（　　　　）Ken is talking with over there is Sally.

① who　　　　　　② what　　　　　　③ with whom　　　④ which

(5) あの店で私が買ったものはボールペンだ。

（　　　　）I bought at that store was a ballpoint pen.

① Which　　　　　② What　　　　　　③ Whom　　　　　④ That

5. 次の日本文の意味に合うように，（　　）に適当な語を入れなさい。

(1) これは私が書いたものではない。

This is not（　　　　　）I wrote.

(2) ヘンリーは私が時々一緒にテレビゲームをする友人だ。

Henry is a friend who I sometimes play video games（　　　　　）.

(3) トムが話していた映画のタイトルを覚えていますか。

Do you remember the title of the movie Tom talked（　　　　　）.

(4) スーザンには娘が 1 人いて，病院で働いている。

Susan has a daughter, who（　　　　　　）in the hospital.

6. 次の日本文の意味に合うように，カッコ内の語を並べ替えなさい。

(1) あなたは昨日言ったことを覚えていますか。

(you / said / you / what / remember / do) yesterday?

_____ yesterday?

(2) 私のおばの 1 人は，奈良に住んでいて，先週私たちを訪ねてきた。

One of my aunts, (in / who / lives / Nara), visited us last week.

One of my aunts, _____, visited us last week.

1. 次の英文を日本語にしなさい。

   (1) I found a shop that sells really delicious bread.

   私は ＿＿＿＿＿＿＿＿＿＿＿＿＿＿＿＿＿＿＿＿＿＿＿＿＿＿＿＿ を見つけた。

   (2) I visited a restaurant whose chef is really well-known in Japan.

   私は ＿＿＿＿＿＿＿＿＿＿＿＿＿＿＿＿＿＿＿＿＿＿＿＿＿＿＿＿ を訪れた。

   (3) My uncle lives in a house which faces the beach.

   私のおじは ＿＿＿＿＿＿＿＿＿＿＿＿＿＿＿＿＿＿＿＿＿＿＿＿ に住んでいる。

   (4) Nick is one person we can trust.

   ニックは ＿＿＿＿＿＿＿＿＿＿＿＿＿＿＿＿＿＿＿＿＿＿＿＿＿＿ 。

2. 次の日本文の意味に合うように，英文を完成させなさい。

   (1) 私はこのスピーチをした人についてあまり知らない。

   I don't know much about ＿＿＿＿＿＿＿＿＿＿＿＿＿＿ this speech.

   (2) 私には，夢はヨーロッパでサッカーをすることだという友人がいる。

   I have ＿＿＿＿＿＿＿＿＿＿＿＿＿＿ is to play soccer in Europe.

   (3) 私がパーティーで会った女の子は赤い服を着ていた。

   ＿＿＿＿＿＿＿＿＿＿＿＿＿＿ was wearing a red dress.

   (4) あなたは英語とフランス語の両方を話す人を誰か知っていますか。

   Do you know ＿＿＿＿＿＿＿＿＿＿＿＿＿＿ both English and French?

   (5) 私は先週フィリピンを襲った台風に関するニュースを読んだ。

   I read a news story about ＿＿＿＿＿＿＿＿＿＿＿＿＿＿ the Philippines last week.

3. 次の日本文を〔　　〕内の語（句）を使って英語にしなさい。

   (1) ドアの近くに立っている女の子はヨウコだ。〔who, standing, by, Yoko〕

   ＿＿＿＿＿＿＿＿＿＿＿＿＿＿＿＿＿＿＿＿＿＿＿＿＿＿＿＿＿＿＿＿

   (2) 彼は昨日彼が読んだエッセイについて話した。〔talked, the essay, that〕

   ＿＿＿＿＿＿＿＿＿＿＿＿＿＿＿＿＿＿＿＿＿＿＿＿＿＿＿＿＿＿＿＿

   (3) パリを流れている川の名前は何ですか。〔the name, flows through Paris〕

   ＿＿＿＿＿＿＿＿＿＿＿＿＿＿＿＿＿＿＿＿＿＿＿＿＿＿＿＿＿＿＿＿

   (4) シェフがイタリア出身のレストランに行った。〔chef, Italy〕

   ＿＿＿＿＿＿＿＿＿＿＿＿＿＿＿＿＿＿＿＿＿＿＿＿＿＿＿＿＿＿＿＿

   (5) 名古屋から私たちが乗った電車はとても快適だった。〔that, took, comfortable〕

   ＿＿＿＿＿＿＿＿＿＿＿＿＿＿＿＿＿＿＿＿＿＿＿＿＿＿＿＿＿＿＿＿

4. 次の英文を日本語にしなさい。

(1) What he wanted at that time was a glass of water.

＿＿＿＿＿＿＿＿＿＿＿＿＿＿＿＿＿＿＿＿＿＿＿＿＿＿＿＿＿＿＿ 1杯の水だった。

(2) This is not what we ordered.

これは ＿＿＿＿＿＿＿＿＿＿＿＿＿＿＿＿＿＿＿＿＿＿＿＿＿＿＿＿＿ ではない。

(3) She is a friend who I sometimes go shopping with.

彼女は ＿＿＿＿＿＿＿＿＿＿＿＿＿＿＿＿＿＿＿＿＿＿＿＿＿＿＿ 友人だ。

(4) Paris is the city Picasso was living in when he drew that picture.

パリはピカソがその絵を描いた時に ＿＿＿＿＿＿＿＿＿＿＿＿＿＿＿＿＿＿＿。

(5) Yumiko has a brother, who studies in the US.

ユミコには兄が1人いて，＿＿＿＿＿＿＿＿＿＿＿＿＿＿＿＿＿＿＿＿＿。

5. 次の日本文の意味に合うように，英文を完成させなさい。

(1) 先生は私が書くものを気に入ってくれた。

My teacher liked ＿＿＿＿＿＿＿＿＿＿＿＿＿＿＿＿＿.

(2) 彼には娘が1人いて，その娘はニューヨークに住んでいる。

He has ＿＿＿＿＿＿＿＿＿＿＿＿＿＿＿＿＿ in New York.

(3) 私たちが必要としているのはあなたの協力だ。

＿＿＿＿＿＿＿＿＿＿＿＿＿＿＿＿＿ is your help.

(4) あれは私たちが探していた少年だ。

That is ＿＿＿＿＿＿＿＿＿＿＿＿＿＿＿＿＿ for.

(5) これは私が京都を訪れる時に滞在するホテルだ。

This is ＿＿＿＿＿＿＿＿＿＿＿＿＿＿＿＿＿ I stay when I visit Kyoto.

6. 次の日本文を〔　　〕内の語（句）を使って英語にしなさい。

(1) 先生が言ったことを理解できましたか。〔understand, the teacher〕

＿＿＿＿＿＿＿＿＿＿＿＿＿＿＿＿＿＿＿＿＿＿＿＿＿＿＿＿＿＿＿

(2) 私はその作家が生まれた家を訪れたい。〔in which, the writer〕

＿＿＿＿＿＿＿＿＿＿＿＿＿＿＿＿＿＿＿＿＿＿＿＿＿＿＿＿＿＿＿

(3) 彼女には息子が2人いて，2人ともイングランドで大学に通っている。〔who, college, England〕

＿＿＿＿＿＿＿＿＿＿＿＿＿＿＿＿＿＿＿＿＿＿＿＿＿＿＿＿＿＿＿

(4) 彼はあなたが頼りにできる人だ。〔person, rely on〕

＿＿＿＿＿＿＿＿＿＿＿＿＿＿＿＿＿＿＿＿＿＿＿＿＿＿＿＿＿＿＿

(5) 私があなたにしてほしいことは真実を話すことだ。〔what, the truth〕

＿＿＿＿＿＿＿＿＿＿＿＿＿＿＿＿＿＿＿＿＿＿＿＿＿＿＿＿＿＿＿

Lesson 12 関係詞（2）

Ⅰ 関係副詞 where, when

Ⓐ This is the house **where** I lived for ten years.　M 393

これは私が10年間住んでいた家です。

Ⓑ My grandfather was born in the year **when** the war ended.　M 394

私の祖父は戦争が終わった年に生まれた。

Ⓐ 関係副詞 where は**場所**を表す名詞を先行詞にする。

注 where を〈前置詞＋関係代名詞 which 〉を用いて表すこともできる。

cf. This is the house **in which** I lived for ten years.

Ⓑ 関係副詞 when は**時**を表す名詞を先行詞にする。

注 先行詞が the time の場合，when か the time を省略することができる。

Ⅱ 関係副詞 why, how

Ⓒ Nobody knows *the reasons* **why** he resigned.　M 395

彼が辞職した理由を誰も知らない。

Ⓓ He told us **how** he survived the accident.　M 396

彼はどうやってその事故で死なずにすんだかを私たちに話した。

Ⓒ 関係副詞 why の先行詞は **the reasons**。理由を表す for the reasons の代わりに関係副詞として用いられる。先行詞の reason か why のどちらかがしばしば省略される。

Ⓓ 関係副詞 how は **way**（方法・やり方）の説明をする時に用いるが，way と how は同時に使われず，〈**how SV**〉か〈**the way SV**〉になり，「…する方法［やり方］」という意味を表す。

Ⅲ 関係副詞の制限用法と非制限用法

Ⓔ I went to *Stanford University*, **where** I studied law.　M 399

私はスタンフォード大学へ行き，そこで法律の勉強をした。

Ⓕ I was in Singapore until *last Friday*, **when** I left for Bangkok.　M 400

私は先週の金曜日までシンガポールにいて，それからバンコクに向かいました。

関係副詞では，**where** と **when** に非制限用法がある。特定の場所や時について情報を加える。

Ⓔ 非制限用法の where は **and there**（そしてそこで）という意味を表す。

Ⓕ 非制限用法の when は **and then**（そしてそれから）という意味を表す。

Ⅳ　複合関係詞

ⓖ Whoever wants to join our volunteer program is welcome.　M 401

私たちのボランティアプログラムに参加したい人は誰でも歓迎します。

ⓗ Whatever this sports commentator says is really persuasive.　M 403

このスポーツ解説者が言うことは何でも本当に説得力がある。

ⓘ Whenever I call, you sound busy.　M 405

私が電話する時はいつでも君はとても忙しそうだね。

◆複合関係代名詞

ⓖ **whoever** は「〜する人は誰でも」という意味。

ⓗ **whatever** は「〜するものは何でも」という意味。

㊟ whichever（〜するものはどちら［どれ］でも）

　　cf. Can I choose **whichever** I like?（好きなものをどれでも選んでいいですか。）M 402

◆複合関係副詞

ⓘ **whenever** は「〜する時はいつでも」という意味。

㊟ wherever は「〜する所はどこでも」という意味。

　　cf. With this much money, we can travel **wherever** we want. M 404

　　　（これだけのお金があれば，どこへでも私たちの好きな所に旅行できる。）

Ⅴ　譲歩を表す複合関係詞

ⓙ Whoever knocks on the door, don't open it.　M 406

誰がノックしても，ドアを開けてはいけない。

ⓚ Whenever I see Jane, she's wearing something different.　M 410

ジェーンにいつ会っても，違う服を着ている。

ⓛ However late you are, be sure to call me.　M 411

どんなに遅くなっても必ず私に電話しなさいよ。

　複合関係詞は「〜だとしても」という「**譲歩**」の意味を表すことがある。その場合，〈no matter ＋関係詞〜〉で表すこともできる。

ⓙ **whoever** knocks on the door ＝ no matter who knocks on the door

㊟ cf. **Whichever** you choose, you will be satisfied with our product. M 407

　　　（どちらを選ぼうと当社の製品にはご満足いただけるでしょう。）

　　cf. Stay calm **whatever** happens. M 408

　　　（どんなことが起ころうとも落ち着いていなさい。）

ⓚ **whenever** I see Jane ＝ no matter when I see Jane

ⓛ **however** は〈however ＋形容詞/副詞＋S ＋V ...〉の語順になる。**however** late you are ＝ no matter how late you are

㊟ cf. **Wherever** you are, remember that I will be thinking of you. M 409

　　　（あなたがどこにいようと，私があなたのことを思っていることを忘れないで。）

1. 次の日本文の意味に合うように，（　　）に入る適当な語を①〜④から選びなさい。

(1) あれは私が幼い頃通っていた保育園だ。

That is the nursery school （　　　　） I used to go when I was little.

① which   ② where   ③ that   ④ when

(2) 私の祖父は戦争が始まったまさにその日に生まれた。

My grandfather was born on the very day （　　　　） the war began.

① how   ② where   ③ why   ④ when

(3) 私は日本食に興味がある。だから日本で料理学校に行きたいのだ。

I'm interested in Japanese food. That's （　　　　） I want to go to a cooking school in Japan.

① how   ② where   ③ why   ④ when

(4) 私は彼がどうやって英語を向上させたのか知りたい。

I want to know （　　　　） he improved his English.

① how   ② where   ③ why   ④ when

(5) 今こそ君たちが力を合わせなければならない時だ。

Now is the time （　　　　） you must work together.

① how   ② where   ③ why   ④ when

2. 次の日本文の意味に合うように，（　　）に適当な語を入れなさい。

(1) 私は彼がその仕事を辞めた理由を知らない。

I don't know the （　　　　） why he quit the job.

(2) その番組を見れば彼がどうやって有名になったかがわかる。

The program will show you （　　　　） he became famous.

(3) 家を徹底的に掃除する時期が来た。

It's the time of the year （　　　　） we clean the house thoroughly.

(4) 私は美術館を訪れ，そこで私はペンを失くした。

I visited the museum, （　　　　） I lost a pen.

3. 次の日本文の意味に合うように，カッコ内の語 (句) を並べ替えなさい。

(1) 1969 年はアポロ 11 号が月に着陸した年だ。

1969 was （ year / the / landed / Apollo 11 / when ） on the Moon.

1969 was _____ on the Moon.

(2) あなたがその T シャツを買った店の名前は何ですか。

What is the name of （ where / that T-shirt / the shop / bought / you ）?

What is the name of _____?

4. 次の日本文の意味に合うように, (   ) に入る適当な語を①〜④から選びなさい。

(1) 誰が彼と話をしても, 彼は説得されないだろう。

(   ) talks with him, he won't be persuaded.

① However   ② Whatever   ③ Whenever   ④ Whoever

(2) 何が起ころうとも, パニックになるな。

(   ) happens, just don't panic.

① However   ② Whatever   ③ Whenever   ④ Whoever

(3) どちらを選んでも, 気に入りますよ。

(   ) you choose, you'll like it.

① However   ② Whichever   ③ Wherever   ④ Whoever

(4) いつ行っても東京駅は人でいっぱいだ。

(   ) I go, Tokyo Station is full of people.

① However   ② Whatever   ③ Whenever   ④ Whoever

(5) どんなに忙しくても, 私は金魚にえさをやるのを忘れない。

(   ) busy I am, I never forget to feed my goldfish.

① Wherever   ② However   ③ Whenever   ④ Whoever

5. 次の日本文の意味に合うように, (   ) に適当な語を入れなさい。

(1) 何を着ても, 君はかわいく見える。

You (   ) pretty (   ) you wear.

(2) 誰が来ても私を起こさないでください。

(   ) comes, please don't wake me up.

(3) どんなに眠くても, テスト勉強をするべきだ。

(   ) sleepy you are, you should study for the test.

(4) いつ見てもそのイヌは空腹のようだ。

(   ) I see the dog, he looks hungry.

6. 次の日本文の意味に合うように, カッコ内の語 (句) を並べ替えなさい。

(1) この DVD を見たい人は誰でも無料で借りることができる。

(wants / watch / whoever / this DVD / can / to) borrow it for free.

_____ borrow it for free.

(2) どちらの料理を注文しても, ご満足いただけるでしょう。

(dish / order / whichever / you), you will be satisfied.

_____, you will be satisfied.

1. 次の英文を日本語にしなさい。

(1) This is the hospital where my mother works.

これが _____。

(2) Tell me why you are so angry.

_____ 教えて。

(3) He was born in the year when the London Olympics were held.

_____ に生まれた。

(4) Mr. Smith told us how he learned kanji.

スミス先生は _____ を私たちに教えてくれた。

(5) We walked to the café, where we had lunch.

私たちは歩いてそのカフェへ行き, _____。

2. 次の日本文の意味に合うように, 英文を完成させなさい。

(1) こうやって彼はその問題を解決した。

This is _____ the problem.

(2) 私たちはサッカーをすることができる公園を探している。

We are looking for _____ soccer.

(3) それが私が数学を嫌いな理由だ。

That is _____ like math.

(4) 私たちが初めて会った日を覚えている。

I remember _____.

(5) 彼らがどうやってアメリカで成功したかを知りたい。

I want to know _____ in the United States.

3. 次の日本文を〔　　〕内の語 (句) を使って英語にしなさい。

(1) 私はケンがアルバイトをしている喫茶店に行きたい。〔café, where, Ken, part-time〕

_____

(2) 私は妹が生まれた日を決して忘れない。〔never, when, my sister〕

_____

(3) 彼らが笑っている理由がわからない。〔reason, why, laughing〕

_____

(4) あなたがどうやって自分のウェブサイトを作ったのか教えてください。〔Please, how〕

_____

4. 次の英文を日本語にしなさい。

(1) However hard she practiced, she could not win a tennis match.
_____ , 彼女はテニスの試合で勝てなかった。

(2) Whatever you do for her birthday, she will be pleased.
_____ , 彼女はうれしいだろう。

(3) Whenever I go to the library, I see Jim.
_____ , ジムを見かける。

(4) Whoever wants to study abroad can attend the guidance session.
_____ その説明会に出席できる。

(5) Wherever we go in Kyoto, there are a lot of people.
_____ 人が多い。

5. 次の日本文の意味に合うように，英文を完成させなさい。

(1) 父はどんなに遅く帰宅しても家で夕食を食べる。
_____ my father comes home, he eats dinner at home.

(2) 村人はその村を訪れる人は誰でも歓迎する。
The villagers welcome _____ .

(3) あなたがどこにそのボールを隠しても，私のイヌはそれを見つけるだろう。
_____ , my dog will find it.

(4) 私は時間があるときはいつもその博物館に行く。
I go to the museum _____ .

(5) 彼らは私が必要なものは何でも与えてくれた。
They gave me _____ .

6. 次の日本文を〔　　〕内の語 (句) を使って英語にしなさい。

(1) 彼はそのレストランに行くときはいつもカレーライスを注文する。〔curry and rice〕

_____

(2) 彼が何をしようと計画していても，私たちは彼を支援するつもりだ。〔plans, support〕

_____

(3) あなたはどこにいても独力で勉強できる。〔by yourself〕

_____

(4) どんなに忙しくても朝食を食べなければならない。〔busy, eat〕

_____

Lesson 13　仮定法

I　直説法と仮定法

Ⓐ If I **have** time, I **can go** to the movie with you.　　M 421

もし時間があれば，一緒にその映画に行けるでしょう。

Ⓑ If I **had** time, I **could go** to the movie with you.　　M 422

もし時間があれば，一緒にその映画に行けるのに。

Ⓐ **直説法**：話し手が「現実のことや，現実に起こる可能性があること」を表す動詞や助動詞の形。If I have time は条件を表す副詞節。

Ⓑ **仮定法**：話し手が「現在や過去の事実と反対のことや，未来のありそうにないこと」を表す動詞や助動詞の形。

直説法か仮定法かは動詞や助動詞の形で判断する。

II　仮定法過去

Ⓒ If I **were** good at cooking, I **would cook** dinner for you.　　M 424

もし料理が得意なら，あなたに夕食を作ってあげるのだが。

Ⓒ 現在の事実に反することを述べる時に**仮定法過去**を使う。〈If ＋ S ＋動詞の過去形, S′ ＋ would [could, might] ＋動詞の原形〉の形で，「もし（今）〜なら，…だろうに［…できるだろうに，…かもしれないのに］」という意味を表す。動詞に過去形を用いるので仮定法「過去」と呼ぶが，過去のことを述べているわけでない。

仮定法では主語の人称や数に関係なく be 動詞は were を使う。ただし，口語では主語が一人称単数，三人称単数の場合，was も使われる。

III　仮定法過去完了

Ⓓ If I **had known** about your problem, I **would have helped** you.　　M 426

あなたが抱えている問題のことを知っていたら，あなたを助けただろうに。

Ⓓ 過去の事実に反することを仮定して述べる時に**仮定法過去完了**を使う。〈If ＋ S ＋ had ＋過去分詞, S′ ＋ would [could, might] ＋ have ＋過去分詞〉の形で，「もし（あの時）〜だったなら，…しただろうに［…できただろうに，…したかもしれない］」という意味を表す。条件節（if 節）に過去完了形を用いるので仮定法「過去完了」と呼ぶが，過去のことを述べていることに注意。

IV　wish を使った仮定法

Ⓔ I **wish** I **knew** her address.　　彼女の住所がわかっていればなあ。　　M 429

Ⓕ I **wish** I **had bought** the concert ticket.　　M 430

そのコンサートのチケットを買っておけばよかった。

Ⓔ 〈wish ＋仮定法過去〉（〜ならばなあ）は「**現在の事実とは反対の願望**」を表す。

Ⓕ 〈wish ＋仮定法過去完了〉（〜しておけばなあ，〜だったらなあ）と「**過去の事実とは反対の願望**」を表す。

V as if を使った仮定法

G He talks **as if** he **knew** everything about our plans. M 431

彼はまるで私たちの計画について何もかも知っているかのように話す。

H They are behaving **as if** nothing **had changed**. M 432

彼らは何も変わらなかったようにふるまっている。

G 〈**as if** ＋仮定法過去〉は「まるで〜であるかのように」と現在の事実と反対のことを表す。
H 〈**as if** ＋仮定法過去完了〉は「まるで〜であったかのように」と過去の事実と反対のことを表す。

VI should を使った仮定法

I If you **should change** your mind, **let** me know. M 433

考えが変わるようなことがあれば，お知らせください。

J If Nancy **should die**, Bill **will take** over her job. M 434

もしナンシーが死んだら，ビルが彼女の仕事を引き継ぐだろう。

I J if S should 〜の形で，未来において実現の可能性が低いこと「ひょっとして〜することがあれ
ば」という意味を表す。主節には命令文や will が使われることが多い。

VII 〈were to ＋動詞の原形〉を使った仮定法

K If I **were to offer** you one million yen, what **would** you **do** with it? M 435

仮にあなたに 100 万円をあげるとしたら，あなたはそのお金で何をしますか。

K 〈**if S were to** ＋動詞の原形, S′ ＋助動詞の過去形〉は未来のことについて「仮に〜するとしたら」
という意味を表す。if 節にはまったくの想像上の話題が来る。

VIII if の省略

L **Were** I in your position, I **would call** the police. M 436

もし私があなたの立場なら，警察を呼びます。

if 節の接続詞 **if を省略**することがある。if 節に仮定法過去の were, 仮定法過去完了, should が使
われている場合, if を省略できる。
L ≒ If I were in your position 〜
 cf. <u>Had I known you were ill</u>, I would have visited you. M 437
  (≒ If I had known you were ill 〜)
  (君が病気だとわかっていればお見舞いに行っていたのに。)
  <u>Should you need any assistance</u>, please feel free to contact me. M 438
  (≒ If you should need any assistance 〜)
  (ひょっとして私の助けが必要なら，遠慮なしに私に連絡してください。)

ⓜ **Without** gas, traffic in the cities **would stop**. <kbd>M 441</kbd>

ガソリンがなかったら，都市の交通は止まってしまうだろう。

ⓝ She ran to the station. **Otherwise**, she **would have missed** the train.

彼女は駅まで走った。そうしなかったら彼女は電車に乗り遅れていただろう。 <kbd>M 444</kbd>

---

if 節を使わずに「もし～なら」の意味を表すことがある。

ⓜ 〈without ＋名詞〉は「～がなければ」という意味で慣用的に用いられることがある。

☞ but for も without と同じ意味を持つ。

   cf. **But for** your help, we **could not have finished** the work. <kbd>M 442</kbd>

     （あなたの手助けがなかったら，私たちは仕事を終えられなかっただろう。）

☞ with が「～があれば」という仮定の意味を表すことがある。

   cf. **With** his help, I **could finish** the task easily.

     （彼の助けがあれば，この課題を楽に終えることができるだろうに。）

ⓝ otherwise は直前に述べられている事実と反対の内容を仮定して「もしそうでなければ」という意味を表す。

X **仮定法による丁寧な表現**

ⓞ I **would appreciate** it very much if you **would reply** as soon as possible.

至急ご返事をいただければ大変ありがたく存じます。 <kbd>M 445</kbd>

ⓟ I **wonder if** you **could give** me some advice. <kbd>M 446</kbd>

アドバイスをいただくことはできないでしょうか。

ⓞ 相手に丁寧に依頼するときに would を用いることがある。appreciate のあとの it は if 節の内容を指している。

ⓟ I wonder if ～ は「～だろうかと思う」という意味。しばしば依頼に使われる。

XI **仮定法を使った慣用表現**

ⓠ **If it were not for** her help, I **would not have** a chance of succeeding. <kbd>M 447</kbd>

彼女の援助がなければ，私が成功する見込みはないだろう。

ⓡ **If only** I **had** a big brother! <kbd>M 449</kbd>

私に兄がいたらなあ。

ⓢ **It is time** I **was** leaving. <kbd>M 451</kbd>

もう失礼しないといけません。

ⓠ If it were not for ～ は「もし（今）～がなければ」という意味で，現在の事実と反対の仮定を表す。

   「もし（あの時）～がなければ」という過去の事実と反対の仮定は **If it had not been for ～** で表す。

   口語では **without** を使う。

ⓡ 〈If only ＋仮定法〉は「～ならいいのに」という残念な気持ちや願望を表す。

ⓢ 〈It is time ＋仮定法過去〉は「～すべき時である」という意味を表す。

1. 次の日本文の意味に合うように，（　　）に入る適当な語（句）を①～④から選びなさい。

(1) 図書館に行けば，この本を見つけることができる。

If you go to the library, you （　　　　） this book.

① can find 　　　　② could have found 　　③ found 　　　　④ have found

(2) スマホがあったら，この光景の写真を母に送れるのに。

If I had a smartphone, I （　　　　） a picture of this view to my mother.

① can send 　　　　② could send 　　　③ could have sent 　　④ have sent

(3) もしも電車に乗り遅れなかったら，打ち合わせに出られたのに。

If I had not missed the train, I （　　　　） the meeting.

① attend 　　　　　　　　　　② attended

③ have attended 　　　　　　　④ could have attended

(4) あなたはパーティーに行っていれば，彼に会えただろうに。

If you had come to the party, you （　　　　） him.

① will see 　　　　② could see 　　　③ could have seen 　　④ had seen

(5) うちの近所にコンビニエンスストアがあったらなあ。

I wish there （　　　　） a convenience store in my neighborhood.

① is 　　　　　　② had been 　　　③ be 　　　　　④ were

2. 次の日本文の意味に合うように，（　　）に適当な語を入れなさい。

(1) もし病気でないなら，君たちと旅行できるのに。

If I （　　　　） not sick, I could travel with you.

(2) もしあなたが助言していたら，彼女はコンテストでもっとよい演技をしていただろう。

If you had given her some advice, she （　　　　）（　　　　） performed better in the contest.

(3) もし彼女がその時彼の住所を知っていたら，彼女は彼を訪ねることができただろう。

If she （　　　　）（　　　　） his address then, she could have visited him.

(4) 自分のパソコンを持っていればなあ。

I （　　　　） I （　　　　） my own computer.

3. 次の日本文の意味に合うように，（　　）内の語（句）を並べ替えなさい。

(1) 朝早く東京を出発すれば，京都へ日帰り旅行ができる。

(in the morning / Tokyo / we / early / if / leave), we can make a day trip to Kyoto.

_____, we can make a day trip to Kyoto.

(2) もしあなたが私の宿題を手伝ってくれていたら，私たちはサッカーができたのに。

(you / if / helped / my homework / had / with / me), we could have played soccer together.

_____, we could have played soccer together.

4. 次の日本文の意味に合うように，（　　）に入る適当な語（句）を①〜④から選びなさい。

(1) 彼はまるで自分自身が事故に巻き込まれたかのように話した。

He talked as if he （　　　　） involved in the accident himself.

① had been　　　　② has been　　　　③ was　　　　④ were

(2) 彼女はまるでスターのように舞台に登場した。

She appeared on stage as if she （　　　　） a star.

① be　　　　② were　　　　③ has been　　　　④ had been

(3) もしサムがけがをしたら，監督は代わりにボブを使うだろう。

If Sam （　　　　） injured, our coach will use Bob instead.

① was　　　　② had been　　　　③ should be　　　　④ is

(4) 私がスーパーヒーローだったら，戦争を防ぐために自分の能力を使うだろう。

（　　　　） I a superhero, I would use my abilities to prevent war.

① Should　　　　② If　　　　③ Were　　　　④ Was

(5) もし私が歌手になったとしたら，クラス全員をコンサートに招待するのに。

（　　　　） become a singer, I would invite the whole class to my concert.

① If I　　　　② If I will　　　　③ If I have　　　　④ If I were to

5. 次の日本文の意味に合うように，（　　）に適当な語を入れなさい。

(1) 彼女はまるで自分がキャプテンであるかのようにふるまった。

She behaved （　　　　） （　　　　） she （　　　　） captain.

(2) もし私が病気だと知っていたら，彼はお見舞いに来てくれただろうに。

（　　　　） he （　　　　） I was ill, he would have visited me.

(3) もし異星人に会ったとしたら，私は捕まえようとするだろう。

If I （　　　　） （　　　　） see an alien, I would try to seize it.

(4) 日曜日に万が一雪が降るようなことがあったら，ハイキングは中止になるだろう。

If （　　　　） （　　　　） snow on Sunday, the hike will be canceled.

6. 次の日本文の意味に合うように，（　　）内の語（句）を並べ替えなさい。

(1) 万が一怪しいものに気づいたら，私たちに知らせてください。

(notice / you / anything suspicious / should), please let us know.

_____, please let us know.

(2) その晩，ユキはまるで世界には自分しかいないかのように感じた。

That night Yuki (felt / she / if / alone / as / were) in the world.

That night Yuki _____ in the world.

7. 次の日本文の意味に合うように，（　　）に入る適当な語（句）を①〜④から選びなさい。

(1) 私は彼らに真実を話した。そうしなかったら，彼らは私を疑っていただろう。

I told them the truth; （　　　）they would have suspected me.

① if only　　　　　　　　　　② as if

③ otherwise　　　　　　　　　④ on the other hand

(2) あの手がかりがなかったら，刑事たちは事件を解決できなかっただろう。

（　　　　　）that clue, the detectives could not have solved the case.

① Otherwise　　　　　　　　② Without

③ With　　　　　　　　　　④ If it were not for

(3) 一晩泊めていただけないでしょうか。

（　　　　　）you could put me up for one night.

① I wonder if　　　　　　　② It is time

③ I would say　　　　　　　④ I would appreciate it

(4) 私にいいコーチがいたらなあ！

（　　　　）only I had a good coach!

① If　　　　　② As if　　　　　③ Even if　　　　　④ Though

8. 次の日本文の意味に合うように，（　　）に適当な語を入れなさい。

(1) 彼はとても親切だ。そうでなければ彼に助けを求めないだろう。

He is very kind; otherwise I （　　　　　）ask him for help.

(2) 君のアイデアがなかったら，われわれの計画は実現しなかっただろう。

（　　　　）（　　　　　）your idea, our plans would not have been realized.

(3) あなたの励ましがあれば，私は何でもできるだろう。

（　　　　　）your encouragement, I could do anything.

(4) 困難がなければ，私たちの人生はつまらないだろう。

If it （　　　　）（　　　　　）for challenges, our lives would be boring.

9. 次の日本文の意味に合うように，（　　）内の語（句）を並べ替えなさい。

(1) 両親の支援がなかったら，私は留学できないだろう。

(it / if / my parents' support / not / were / for), I would not be able to study abroad.

_____, I would not be able to study abroad.

(2) できるだけ早く結果を知らせていただければありがたいです。

I (know / appreciate / would / if / it / could / you / me / let) the results as soon as possible.

I _____ the results as soon as possible.

1. 次の英文を日本語にしなさい。

   (1) If you have a fever, you should stay in bed today.
   もし熱があるのなら，_____。

   (2) If I had a spaceship, I would go to the moon.
   もし宇宙船を持っていたら，_____。

   (3) If Ken had been on the team, we would have won.
   もしもケンがチームにいたら，_____。

   (4) If you had made a cake for her birthday, she would have been very pleased.
   もしあなたが彼女の誕生日にケーキを作っていれば，_____。

   (5) If I had not caught a cold, I could have joined the party.
   もし風邪をひかなかったら，_____。

2. 次の日本文の意味に合うように，英文を完成させなさい。

   (1) もし私があなたなら，そのインターンシップに参加するだろう。
   _____, I would take part in the internship.

   (2) もしあと30分待っていたら，あなたは彼女に会うことができただろうに。
   If you had waited for another 30 minutes, _____.

   (3) もしもっと時間があったら，あなたを案内することができたのに。
   _____, I could have shown you around.

   (4) もし英語が得意だったら，困っている外国人を助けてあげるのに。
   _____, I would help foreigners in trouble.

   (5) 傘を持っていたらなあ。
   I wish I _____ with me.

3. 次の日本文を〔　　〕内の語（句）を使って英語にしなさい。

   (1) もし彼が彼女と一緒にいたら，彼女を助けられただろうに。〔with, helped〕
   _____

   (2) もし彼がベストを尽くしていたら，彼はレースに勝っていただろう。〔his best, the race〕
   _____

   (3) もしあなたが先生の話を注意して聞いていたら，そんな間違いはしなかっただろうに。
   〔listened, carefully, such a mistake〕
   _____

   (4) もっと北海道で写真を撮っておけばよかった。〔wish, photos〕
   _____

4. 次の英文を日本語にしなさい。

(1) If you should get lost on your way here, please let me know.

_____, お知らせください。

(2) Were it a little cooler, we would play soccer.

_____, サッカーをするのに。

(3) He looks as if he had been ill for a long time.

彼は _____。

(4) If I were to live in another country, where would it be?

_____, それはどこだろうか。

(5) Had I known that she would come to Tokyo, I would have spared some time to see her.

_____, 彼女に会うために時間を割いていたのに。

5. 次の日本文の意味に合うように, 英文を完成させなさい。

(1) 私がまるで子供であるかのように扱うのはやめてください。

Don't treat me _____ a child.

(2) 仮にあなたがオリンピックに参加するとしたら, それは何の種目だろうか。

_____ to take part in the Olympics, what event would it be?

(3) もしあなたが私の立場なら, 彼女に本当のことを言いますか。

Were _____, would you tell her the truth?

(4) 万が一その台風が沖縄を直撃することがあれば, 私たちの飛行機は欠航になるだろう。

_____ hit Okinawa, our flight will be canceled.

(5) その時私が家にいたら, 一緒にお昼ご飯を食べられたのに。

Had _____ then, we could have had lunch together.

6. 次の日本文を〔　　〕内の語を使って英語にしなさい。指示がある場合は従うこと。

(1) まるで雪でも降りだしそうな空模様だった。〔looked, going〕

_____

(2) もし遅れるようなことがあれば, お知らせください。〔should, let〕

_____

(3) 彼はまるで世界を支配しているかのようにふるまう。〔behaves, ruled〕

_____

(4) 仮に私があなたに何かあげるとしたら, 何がほしいだろうか。〔were, something, want〕

_____

(5) もし私があなたなら, 彼に親切にするだろう。〔were, kind〕（if を使わずに）

_____

7. 次の英文を日本語にしなさい。

(1) If it had not been for her coach, she couldn't have won the match.

コーチがいなかったら，＿＿＿＿＿＿＿＿＿＿＿＿＿＿＿＿＿＿＿＿＿＿＿＿。

(2) If only I could go to their concert!

＿＿＿＿＿＿＿＿＿＿＿＿＿＿＿＿＿＿＿＿＿＿＿＿＿＿＿＿＿＿＿＿。

(3) It's time we bought a new TV set.

＿＿＿＿＿＿＿＿＿＿＿＿＿＿＿＿＿＿＿＿＿＿＿＿＿＿＿＿＿＿＿＿。

(4) I set the alarm. Otherwise, I would have missed the bus.

私は目覚ましをかけた。＿＿＿＿＿＿＿＿＿＿＿＿＿＿＿＿＿＿＿＿＿。

8. 次の日本文の意味に合うように，英文を完成させなさい。

(1) 私はベストを尽くした。そうでなければ成功していなかっただろう。

I did my best; ＿＿＿＿＿＿＿＿＿＿＿＿＿＿＿＿＿＿＿＿＿＿＿.

(2) 私たちのためにピアノを弾いていただけませんでしょうか。

I wonder ＿＿＿＿＿＿＿＿＿＿＿＿＿＿＿＿＿ for us.

(3) 明日我が校を訪ねていただけるとありがたく存じます。

I would ＿＿＿＿＿＿＿＿＿＿＿＿＿＿＿＿＿ visit our school tomorrow.

(4) 彼と同じくらい英語が流ちょうに話せたらなあ。

If ＿＿＿＿＿＿＿＿＿＿＿＿＿＿＿ as fluently as him.

(5) あなたはもう就寝する時間だ。

It is ＿＿＿＿＿＿＿＿＿＿＿＿＿＿＿＿ to bed.

9. 次の日本文を〔　　〕内の語（句）を使って英語にしなさい。

(1) あなたの助けがなかったら，私たちはこの課題を終えられないだろう。〔without, this task〕

＿＿＿＿＿＿＿＿＿＿＿＿＿＿＿＿＿＿＿＿＿＿＿＿＿＿＿＿＿＿＿＿＿

(2) 明日までに私のエッセイを読んでいただけますとありがたく存じます。〔appreciate, by〕

＿＿＿＿＿＿＿＿＿＿＿＿＿＿＿＿＿＿＿＿＿＿＿＿＿＿＿＿＿＿＿＿＿

(3) 太陽がなければ，私たちは生きられない。〔If, for, could〕

＿＿＿＿＿＿＿＿＿＿＿＿＿＿＿＿＿＿＿＿＿＿＿＿＿＿＿＿＿＿＿＿＿

(4) もう自分のキャリアについて考え始めてもよい頃だ。〔time, began, career〕

＿＿＿＿＿＿＿＿＿＿＿＿＿＿＿＿＿＿＿＿＿＿＿＿＿＿＿＿＿＿＿＿＿

(5) ロンドンに住んでいたらなあ。〔only〕

＿＿＿＿＿＿＿＿＿＿＿＿＿＿＿＿＿＿＿＿＿＿＿＿＿＿＿＿＿＿＿＿＿

形容詞・副詞の比較級，最上級

1 規則変化①（-er, -est 型）

	原級	比較級	最上級
1音節の語	cold	colder	coldest
語尾が -y, -er, -ow, -le などの 2音節の語	bus-y	busier	busiest
	clev-er	cleverer	cleverest
	nar-row	narrower	narrowest
	no-ble	nobler	noblest

※ **-er, -est** の付け方

① 原級にそのまま -er, -est をつける：small - smaller - smallest

② e で終わる語は -r, -st だけをつける：wise - wiser - wisest

③〈短母音＋子音字１つ〉で終わる語は子音字を重ねる：big - bigger - biggest

④〈子音字＋ y〉で終わる語は y を i に変えて -er, -est をつける：dry - drier - driest

2 規則変化②（more, most 型）

	原級	比較級	最上級
2音節の語	use-ful	more useful	most useful
3音節以上の語	dif-fi-cult	more difficult	most difficult
語尾が -ly で終わる副詞	slow-ly	more slowly	most slowly

＊ early は例外で early - earlier - earliest と比較変化する。

3 不規則変化①

原級	比較級	最上級
good 形「よい，楽しい」	better	best
well 形「健康な」 副「よく」		
bad 形「悪い」	worse	worst
badly 副「下手に」		
ill 形「病気の」 副「悪く」		
many 形「多数の」	more	most
much 形「多量の」 副「とても」		
little 形「少量の」 副「ほとんど…ない」	less	least

4 不規則変化②

	原級	比較級	最上級
old	形「年を取った，古い」	older（より年を取った，より古い）	oldest（最も年を取った，最も古い）
	形「年上の」	elder（年長の）	eldest（最年長の）
late	形「遅い」 副「遅く」	later（より遅い，より遅く）	latest（最新の，最も遅く）
	形「後の方の」	latter（後半の）	last（最後の）
far	形「遠い」 副「遠く」	farther, further（より遠い，より遠くに）	farthest, furthest（一番遠い，一番遠くに）
	形「さらなる」 副「さらに」	further（それ以上の，それ以上に）	furthest（最も，最大限に）

不規則動詞の活用

❶ A-A-A 型の動詞（原形・過去形・過去分詞形の形が変わらないもの）

原形（意味）	過去形	過去分詞形	ing 形
cost（（費用）がかかる）	cost	cost	costing
cut（〜を切る）	cut	cut	cutting
hit（〜を打つ）	hit	hit	hitting
hurt（〜を傷つける）	hurt	hurt	hurting
let（〜に…させてやる）	let	let	letting
put（〜を置く）	put	put	putting
set（〜を配置する）	set	set	setting
shut（〜を閉める）	shut	shut	shutting

❷ A-B-B 型の動詞（過去形と過去分詞が同じもの）

原形（意味）	過去形	過去分詞形	ing 形
bring（〜を持ってくる）	brought	brought	bringing
build（〜を建てる）	built	built	building
buy（〜を買う）	bought	bought	buying
catch（〜を捕まえる）	caught	caught	catching
feel（〜を感じる）	felt	felt	feeling
find（〜を見つける）	found	found	finding
hear（〜が聞こえる）	heard	heard	hearing
hold（〜を持っている）	held	held	holding
keep（〜を保つ）	kept	kept	keeping
lay（〜を横たえる）	laid	laid	laying
leave（〜を去る）	left	left	leaving
lend（〜を貸す）	lent	lent	lending
lose（〜を失う）	lost	lost	losing
make（〜を作る）	made	made	making
mean（〜を意味する）	meant	meant	meaning
meet（〜に会う）	met	met	meeting
pay（払う）	paid	paid	paying
say（〜と言う）	said	said	saying
sell（〜を売る）	sold	sold	selling
send（〜を送る）	sent	sent	spending
sit（座る）	sat	sat	sitting
sleep（寝る）	slept	slept	sleeping
spend（〜を費やす）	spent	spent	spending
stand（立つ）	stood	stood	standing
teach（〜を教える）	taught	taught	teaching
tell（〜を言う）	told	told	telling
think（〜と思う）	thought	thought	thinking
understand（〜を理解する）	understood	understood	understanding

win（〜に勝つ）	won	won	winning

❸ A-A-B 型の動詞（原形と過去形が同じもの）

原形（意味）	過去形	過去分詞形	ing 形
beat（〜を打つ）	beat	beaten	beating

❹ A-B-A 型の動詞（原形と過去分詞が同じもの）

原形（意味）	過去形	過去分詞形	ing 形
become（〜になる）	became	become	becoming
come（来る）	came	come	coming
run（走る）	ran	run	running

❺ A-B-C 型（すべて形が異なるもの）

原形（意味）	過去形	過去分詞形	ing 形
begin（〜を始める）	began	begun	beginning
break（〜を壊す）	broke	broken	breaking
choose（〜を選ぶ）	chose	chosen	choosing
draw（〜を描く）	drew	drawn	drawing
drink（〜を飲む）	drank	drunk	drinking
drive（〜を運転する）	drove	driven	driving
eat（〜を食べる）	ate	eaten	eating
fall（落ちる）	fell	fallen	falling
fly（飛ぶ）	flew	flown	flying
forget（〜を忘れる）	forgot	forgot / forgotten	forgetting
freeze（凍る）	froze	frozen	freezing
get（〜を得る）	got	got / gotten	getting
give（〜を与える）	gave	given	giving
go（行く）	went	gone	going
grow（育つ）	grew	grown	growing
hide（〜を隠す）	hid	hidden	hiding
know（〜を知っている）	knew	known	knowing
lie（横たわる）	lay	lain	lying
ride（〜に乗る）	rode	ridden	riding
rise（上がる）	rose	risen	rising
see（〜を見る）	saw	seen	sceing
sing（〜を歌う）	sang	sung	singing
speak（話す）	spoke	spoken	speaking
swim（泳ぐ）	swam	swum	swimming
take（〜を取る）	took	taken	taking
throw（〜を投げる）	threw	thrown	throwing
wear（〜を着ている）	wore	worn	wearing
write（〜を書く）	wrote	written	writing

A

a bunch of ～　～の束
a variety of ～　さまざまな～
ability　能力
abroad　外国で／に
absent　欠席の（→ be absent from ～）
accident　事故
actor　俳優
actress　女優
alarm system　警報装置
all night long　一晩中
alone　1人で
ambiton　野心
angle　角度
apologize　謝る
app　アプリ
appear　姿を現す
appreciate　～をありがたく思う
ask 人 for ～　人に～を求める
attend　～に参加する，出席する
award　賞
aware of ～　～に気づいている

B

bake　～を焼く
basket　かご
be absent from ～　～を休む
be filled with ～　～でいっぱいである
be fond of ～　～が好きである
be good at -ing　～するのが得意である
be held　～が開催される，開かれる
be injured　けがをする
be involved in ～　～に巻き込まれる
be located　位置する，ある
be proud of ～　～を誇らしく思う
be satisfied with ～　～に満足している
be scared of ～　～を怖がる
be sure of ～　～を確信している
because of ～　～のせいで
behave　ふるまう
belonging　持ち物
bloom　咲く
blow　吹く

boring　つまらない，退屈な
borrow　～を借りる
bride　花嫁
brush　～を磨く
bunch　束（→ a bunch of ～）
by chance　偶然に

C

cannot get a wink of sleep　一睡もできない
care for ～　～の世話をする
careful　注意深い
careless　不注意な
castle　城
cause　～を引き起こす
cease　～をやめる
chairperson　議長
chance　見込み，機会（→ by chance）
clinic　診療所
clue　ヒント，手がかり
come across　～に偶然出くわす
comic　漫画
comment　コメントする
contact　～に連絡する
correctly　正確に
cost O1 O2　O1 に O2 がかかる
cough　せきをする
crane　鶴（→ paper crane）
creature　生き物
criticize　～を批判する
cross　～を組む，横切る
crowd　人ごみ

D

decorate　～を飾る
deliver　～を配達する
desire　願望
detail　詳細
device　装置
diary　日記（→ keep a diary）
diet　規定食，ダイエット食（→ go on a diet）
diplomat　外交官
distance　距離，隔たり（→ from a distance）
do the laundry　洗濯をする
doughnut　ドーナツ
downtown　町の中心地にある

drop　～を落とす
due to ～　～のせいで
dust　ほこり
duty　任務，義務

E

earthquake　地震
elderly　年配の
electronic dictionary　電子辞書
email　～にメールを送る
embarrassed　困惑した
empty　空いた，からの
encouragement　励まし
enter　～に入る
essay　作文
examination　試験
exchange　～を両替する，交換する
expensive　値段が高い，高価な
experiment　実験
explanation　説明

F

face　～に面している
faint　気を失う
fate　運命
feed　～にえさを与える
feel like -ing　～したい気がする
ferret　フェレット
fever　（病気による）熱
fill O1 with O2　O1 を O2 で満たす（→ be filled with ～）
film　映画
find O C　O が C と思う，わかる
firework　花火
flexible　柔軟な
fluent　流ちょうな
fluently　流ちょうに，すらすらと
focus on ～　～に集中する
fond → be fond of ～
force O to do　O にむりやり～させる
forecast　予報，予想（→ weather forecast）
foreign　外国の
foreigner　外国人
forward　前へ，先へ（→ look forward to）

from a distance　遠くから
frozen food　冷凍食品

G

gather　集まる
gently　やさしく, 穏やかに
get lost　道に迷う
get married to ～　～と結婚する
glasses　めがね
good　上手な（→ be good at ～）
go on a diet　ダイエットを始める
go on a picnic　ピクニックに行く
graduate from ～　～を卒業する
grocery　食料雑貨店
growl　うなる

H

harbor　港
heated　白熱した
hold　～を持つ, 持っている；～を催す（→ be held）
human being　人間
hurt　～を傷つける

I

ignore　～を無視する
importance　重要性
improve　～を向上させる, 改良する
in advance　前もって, あらかじめ
in private　内々に
in trouble　困っている
increase　増加する
injure　～を傷付ける（→ be injured）
instead　その代わりに
intelligent　知能の高い
involve　～を巻き込む（→ be involved in ～）
issue　問題

K

keep a diary　日記をつける
keep O C　O を C の状態に保つ, O を C にしておく
knock　ノックする

L

laboratory　実験室

land　着陸する
laundry　洗濯（→ do the laundry）
law　法律
lawyer　弁護士
lay　～を横たえる, 置く
lecture　講義
lend O1 O2　O1 に O2 を貸す
lie　うそ
lie　横になる
local　地元の
locate → be located
lock　～にカギをかける
lonely　寂しい
look C　C に見える
look forward to ～　～するのを楽しみにする
lost　道に迷った（→ get lost）
loud　声［音］が大きい
loudly　大声で

M

marry　～と結婚する（→ get married to ～）
match　試合
matter　事, 事柄, 問題
medical checkup　健康診断
mind　～を気にする
miss　～に乗り遅れる
motorcycle　オートバイ
musical instrument　楽器

N

narrow　狭い
nearly　ほとんど, ほぼ
necessary　必要な
neighborhood　近所
nerd　おたく
newborn　生まれたばかりの
notice　～に気がつく
nursery school　保育園

O

obey　～を守る, ～に従う
offer　～を提案する, 提供する
office worker　会社員
on purpose　故意に, わざと
on schedule　予定通り
online　オンラインで
operate　操業する, 稼働する
otherwise　そうしなかったら, さ

もなければ
out of　～から, ～の外へ
overseas　海外で, に

P

paper crane　折り鶴
park　駐車する
part-time　パートで
pass　～に合格する
peacefully　穏やかに
perform　演じる
persuade　～を説得する
picnic　ピクニック（→ go on a picnic）
pleased　うれしい
pleasure　喜び
plenty of ～　たくさんの～
politician　政治家
position　立場
precious　貴重な
prefer to ～　～する方を好む
prepare　～を準備する, 用意する
pretend　～のふりをする
prevent　～を防ぐ
prime minister　首相, 総理大臣
private　私用の, 個人的な（→ in private）
produce　～を製造する
product　製品
promise　（～を）約束する
pronounce　～を発音する
proud　誇りとしている（→ be proud of ～）
purpose　目的（→ on purpose）
put up ～　～を泊める
puzzled　当惑した

Q

quit　やめる

R

rapidly　速く, 急速に
rarely　めったに～ない
refrigerator　冷蔵庫
regarding　～に関して
remain　～のままである
repair　～を修理する
reply　返事をする
reserve　～を予約する
resign　辞職する, 辞任する

respect ～を尊敬する
result 結果
right away すぐに
run ～を経営する
run 動く，作動する

S

satisfy ～を満足させる（→ be satisfied with ～）
save O₁ O₂ O₁ の O₂ を節約する，省く

save O_1 O_2　O_1 の O_2 を節約する，省く
scare ～をこわがらせる（be scared of ～）
schedule 予定（表）（→ on schedule）
scold ～をしかる
secretary 秘書
seize ～を捕まえる，とらえる
set 沈む
shade 日陰
shelter 保護施設，避難所
shine 輝く
show O around O を案内する
show up （会などに）現れる
shrimp エビ
silent 無言の，静かな
smart 賢い
solve ～を解く，解決する
somewhere どこかで

sooner or later 遅かれ早かれ
souvenir お土産
spare ～を割く
speed limit 速度制限
stairs 階段
sticker ステッカー
stil じっとした
strong （コーヒーなどが）濃い
succeed 成功する
successful 成功した
surprisingly 驚いたことに
surround ～を囲む
survive ～を生き延びる
suspect ～を疑う
suspicious 怪しい
sweat 汗

T

tail 尻尾
take action 行動を起こす
take over ～を引き継ぐ
task 課題
taste C C な味がする
terror 恐怖
text ～にメールする
thick 厚い
thoroughly 徹底的に
traditional 伝統的な
traffic rule 交通規則

train ～を訓練する
translate ～を翻訳する，訳す
treat ～を手当てする，治療する
trouble 心配，苦労（→ in trouble）
trust ～を信頼する
turn ～になる，達する
turn off ～ ～を消す

U

unique 独特な
unlock ～のかぎを開ける

V

variety → a variety of
victory 勝利
village 村

W

waste ～をむだにする
water ～に水をあげる
weather forecast 天気予報
white coat 白衣
wink 目くばせ，まばたき（→ cannot get a wink of sleep）
worth ～する価値がある，～に値する
wrong 間違った，間違っている

『ジーニアス総合英語』の参照ページ一覧

Lesson	参照ページ
Pre-Lesson　文の種類・動詞と文型	27-37, 46-67
Lesson 1　時制	72-84
Lesson 2　完了形	95-110
Lesson 3　助動詞	114-148
Lesson 4　受動態	152-160, 163-169
Lesson 5　不定詞（1）	176-192
Lesson 6　不定詞（2）	192-206
Lesson 7　動名詞	210-218, 223-226
Lesson 8　分詞（1）	230-232, 234-238
Lesson 9　分詞（2）	240-252
Lesson 10　比較	256-288
Lesson 11　関係詞（1）	294-303
Lesson 12　関係詞（2）	304-308, 312-319
Lesson 13　仮定法	330-349

［協力者］大關晋／吉良拓真／黒澤隆司／
小久保あゆみ／佐藤健児／佐藤万里世／
髙島祐介／田村奈央／長谷川嘉子／
森田哲生／吉田宏美

だいがくせい　　　　　　　　　　　　き そ えいぶんぽう
大学生のための ジーニアス基礎英文法

©TAISHUKAN, 2020　　　　　　　　　　　　　　　NDC835/iv, 107p/26cm

初版第1刷 ── 2020年5月1日

編　者 ────── 大修館書店編集部
　　　　　　　　 たいしゅうかんしょてんへんしゅうぶ
発行者 ────── 鈴木一行
発行所 ────── 株式会社　大修館書店
　　　　　　　　 〒113-8541　東京都文京区湯島2-1-1
　　　　　　　　 電話 (03)3868-2651 (販売部) ／ (03)3868-2292 (編集部)
　　　　　　　　 振替 00190-7-40504
　　　　　　　　 ［出版情報］https://www.taishukan.co.jp

編集協力・
────── 株式会社シー・レップス
本文デザイン

装　丁　者 ────── 杉原瑞枝
印　刷　所 ────── 共同印刷
製　本　所 ────── ブロケード

ISBN 978-4-469-24637-7　　　　　Printed in Japan